Bettina Hintze · Sandra Hofmeister

BEST OF
HÄUSER AWARD

55 TRAUM HÄUSER

Deutsche Verlags-Anstalt

INHALT

8 **ALT UND NEU AUF EINEM NENNER**
Umbau einer Scheune bei Teplice (Tschechien)
A2F Architekten

14 **WOHNEN IN DER VERTIKALEN**
Stadthaus in Braunschweig
Ahad Architekten

18 **GUT BEDACHT**
Slim House in London (Großbritannien)
Alma-nac Collaborative Architecture

24 **IM GRÜNEN BEREICH**
Seehaus in der Uckermark
Arcs Architekten

30 **KOMPAKTER HOLZQUADER**
Wohnhaus mit Atelier in Würzburg
Atelier Fischer Architekten

36 **RUNDHERUM IN LÄRCHENHOLZ GEKLEIDET**
Niedrigenergiehaus in Lucka, Thüringen
Atelier ST

40 **FAMILIENURLAUB IM MÄRKISCHEN KIEFERNWALD**
Wochenenddomizil in Köris, Brandenburg
Atelier ST

46 **AUS EINEM GUSS**
Wochenendhaus in Bad Saarow bei Berlin
Augustin und Frank Architekten

52 **KLUG KOMBINIERT**
Einfamilienhaus in Ebersberg bei München
Bathke Geisel Architekten

56 **VERSETZTE EBENEN**
Split-Level-Kubus in Stuttgart
Andrea und Harald Baumann

62 **SCHATTIGES REFUGIUM**
J-House bei Valencia (Spanien)
Bblab – Architecture Laboratory

68 **HOMOGENE HÜLLE**
Wohnhaus in Oberbayern
Titus Bernhard Architekten

74 **GRÜNE TERRASSENLANDSCHAFT**
Wohnhaus in Caputh, Brandenburg
Thomas Beyer Architekten

80 **BETON-UFO IM GRÜNEN**
Villa am Bodensee (Schweiz)
Biehler Weith Associated

86 **SCHAUFENSTER ZUR LANDSCHAFT**
Umbau eines Bauernhauses bei Girona (Spanien)
Bosch.Capdeferro Arquitectures

92 **POLYGONALES RAUMWUNDER**
Haus K2 in Stuttgart
Bottega + Ehrhardt Architekten

98 **MODERNE KLASSE**
SOL House in Stuttgart
Alexander Brenner Architekten

104 **TRADITIONSREICHES FAMILIENLOFT**
Sanierung eines Fachhallenhauses in Hamburg
BUB Architekten

108 **SCHWUNG FÜR DEN ALLTAG**
Familiendomizil in Wien (Österreich)
Caramel Architekten

114 **AUSDRUCKSSTARKE BETONSKULPTUR**
Haus 1+1=1 in Madrid (Spanien)
Iñaqui Carnicero Estudio

120 **WOHNTURM VOR WALDKULISSE**
Wohnhaus in Linz (Österreich)
Caspar Wichert Architektur

126 **STADTVILLA FÜR ZWEI FAMILIEN**
Niedrigenergiehaus in Berlin-Steglitz
Clarke und Kuhn Architekten

130 **MINIMALISTISCHE VIELFALT**
Reihenhaus in Amsterdam (Niederlande)
Felix Claus Dick van Wageningen Architecten

136 **VORNEHME TRANSPARENZ**
Familiendomizil in Düsseldorf
Georg Döring Architekten

142 **OFFENE RAUMKOMPOSITION**
Familienresidenz in Zagreb (Kroatien)
DVA Arhitekta

148 **HELLE FREUDE**
Umbau und Aufstockung eines Hinterhauses in Heidelberg
Ecker Architekten

154 **HAUS HOCH ZWEI**
Atelierhaus in Wenzenbach, Bayern
Fabi Architekten

160 **LICHTGESTALT AM HANG**
Haus F in Esslingen
Finckh Architekten

166 DER WÜRFEL IST GEFALLEN
Stripe House in Leiden (Niederlande)
Gaaga Studio for Architecture

172 URBANE DYNAMIK
V-Haus in Leiden (Niederlande)
Gaaga Studio for Architecture

176 FAMILIÄRE WOHNLANDSCHAFT
Einfamilienhaus in Düsseldorf
Geitner Architekten

182 ZEITLOS SCHÖN
Sanierung und Umbau eines Wohnhauses in Köln
Johannes Götz und Guido Lohmann

188 ALPINE WOHNLANDSCHAFT
Holzschindelhaus im
Bregenzerwald (Österreich)
Haller Plattner Architekten

194 SCHWEBENDE HOLZSCHATULLE
Einfamilienhaus im Schwarzwald
Harter + Kanzler Architekten

200 INNERE GRÖSSE
Wohnhaus in Vorarlberg (Österreich)
Innauer Matt Architekten

206 SONNENDECK IM OBSTGARTEN
Familiendomizil in Langenargen am Bodensee
K_M Architektur

212 BÜHNE ZUM SEE
Haus am Havelsee
Hannelore Kaup Architektin

218 WUNDERBAR VERWANDELT
Umbau eines Wohnhauses in München
Architekturbüro Stefan Krötsch

224 RAFFINIERTE ZWILLINGSLÖSUNG
Wohnhaus aus Holz in Neumarkt in der Oberpfalz
Kühnlein Architektur

230 DAS KLEINE SCHWARZE
Ferienhaus in der Normandie (Frankreich)
Lode Architecture

234 KLARE AUSSICHTEN
Haus D in Südtirol (Italien)
Architekten Mahlknecht Comploi

240 MÄDCHENTURM
Erweiterung eines Einfamilienhauses
in Vorarlberg (Österreich)
Marte.Marte Architekten

246 MEDITERRANE LEBENSART
Ferienhaus La Marseta bei Alicante (Spanien)
Sonia Miralles Mud_Arquitecta

252 AUS EINS MACH DREI
Umbau und Erweiterung eines Hauses bei Paris
(Frankreich)
Moussafir Architectes Associés

258 DIALOG ZWISCHEN NEU UND ALT
Haus Emmzett in Magdeburg
Ulrich Müller Architekt

262 OPTIMALE ERGÄNZUNG
Um- und Anbau in Langenargen am Bodensee
Florian Nagler Architekten

268 RÜCKZUG UND AUSBLICK
Otium-Haus in Nitra-Drážovce (Slowakei)
Sebastian Nagy Architects

272 HAUS FÜR ELTERN UND FÜR KINDER
Familiendomizil in Leiden (Niederlande)
Pasel.Künzel Architects

278 KLASSISCHE PROPORTIONEN
Einfamilienhaus in Lienen
Pellemeier Architekten

282 RAUM IST IN DER KLEINSTEN HÜTTE
Umbau einer Scheune zum Ferienhaus
im Wallis (Schweiz)
Savioz Fabrizzi Architectes

286 REVOLUTION VON INNEN
Umbau eines Reihenhauses in Schweinfurt, Bayern
Schlicht Lamprecht Architekten

292 NEUE HÜLLE, ALTER KERN
Umbau und Erweiterung eines Hauses in Vorarlberg
(Österreich)
Jochen Specht

298 DER TRICK MIT DEM KNICK
Einfamilienhaus in Hörbranz (Österreich)
Juri Troy Architects

304 FEIN PROPORTIONIERTE WOHNSKULPTUR
Holzhaus in Reinbek bei Hamburg
Wacker Zeiger Architekten

310 REGIONALE QUALITÄTEN
Ferienhaus im Bregenzerwald (Österreich)
Yonder – Architektur und Design

316 ANHANG
Architektenverzeichnis, Bildnachweis, Autorinnen
Impressum

Der HÄUSER-Award

Seit 2004 zeichnet das Architektur- und Designmagazin HÄUSER die besten Einfamilienhäuser aus. Hunderte Architekten aus ganz Europa haben sich in den vergangenen Jahren am Wettbewerb um den begehrten HÄUSER-Award beteiligt. Inzwischen gilt er als der bedeutendste jährlich verliehene Architekturpreis seines Genres. Die Auszeichnung wird in Kooperation mit dem Bund Deutscher Architekten (BDA) und dem Verband Privater Bauherren e.V. (VPB) vergeben und von den Firmen Jung sowie Parkett Dietrich unterstützt.

55 TRAUMHÄUSER

Wir wissen natürlich, dass der Superlativ ein Imageproblem hat, er ist einfach ziemlich abgenutzt. Wo man hinschaut, bekommt man nur das Beste, Schönste, Tollste angeboten. Im Gegenzug traut man sich kaum, etwas nur gut zu finden, sehr gut sollte es schon sein, am besten aber eben genau das: am besten. Auch auf dem Titel des Buches, das Sie gerade in der Hand halten, steht »Best of« und falls man schon ein bisschen superlativgeschädigt ist, könnte man sich vielleicht fragen, wie wir eigentlich dazu kommen, zu behaupten, die Häuser in diesem Buch seien die besten, und überhaupt: Wovon eigentlich die besten? Nun, wir kommen dazu, weil die 55 Häuser, die in diesem Buch versammelt sind, tatsächlich eine Selektion von Projekten sind, die wiederum im Rahmen des HÄUSER-Awards in die Endrunde aufgenommen, von einer Jury begutachtet, ausgezeichnet oder sogar prämiert wurden. Seit 17 Jahren schreiben wir, die Redaktion des Magazins HÄUSER, einen jährlichen Architekturwettbewerb aus. Die Themenschwerpunkte sind unterschiedlich, in den vergangenen Jahren waren beispielsweise kleine Projekte gesucht, gelungene Umbauten, Familienhäuser oder besonders kostengünstige Entwürfe. Eine Fachjury beschäftigt sich intensiv mit den eingereichten Arbeiten, studiert Pläne, beugt sich über Fotos, diskutiert, wägt ab, streitet sich freundlich und prämiert, wenn man sich einigen konnte, die Preisträger und vergibt Sonderpreise. Bisher ist uns das Einigen immer gelungen, nicht nur, weil wir natürlich auf eine ungerade Zahl von Juroren achten (alter Trick, der das Patt verhindert), sondern auch, weil architektonische Qualität, egal wie individuell sie sich darstellt, doch immer objektiv beschrieben werden kann. Und genau dazu zwingen wir uns bei dem Auswahlverfahren unermüdlich. Auch wenn ein Entwurf allen Jurymitgliedern gleichermaßen gefällt und es keine geteilten Meinungen zu seiner Klasse gibt, wird trotzdem genau analysiert: Worin liegt denn seine Stärke? Welche besonderen Details zeichnen ihn aus? Was ist so innovativ an den Lösungen, die der Architekt gefunden hat?

Aus den Endrunden der vergangenen Jahre haben wir nun wiederum eine Auswahl getroffen, also die Besten der Besten bestimmt. Doppelter Superlativ! Falls Sie diese Extremgrammatik nicht beeindrucken kann – die Vielfalt, die dabei entstanden ist, sollte es. Gerade weil die Häuser aus Wettbewerben mit wechselnden Schwerpunkten stammen, werden Sie hier Inspiration für viele unterschiedliche Aspekte des Bauens finden, für kleine und große Projekte, für Stadt- und Landhäuser, für Schlichtes und Spektakuläres. Und das ist doch tatsächlich mehr als gut.

Ich wünsche Ihnen viel Freude mit diesem Buch,

Anne Zuber
Chefredakteurin HÄUSER

ALT UND NEU
AUF EINEM NENNER

Umbau einer Scheune bei Teplice (Tschechien)

A2F Architekten

Die Scheune aus dem 19. Jahrhundert, die in dem Dörfchen Bilka im Böhmischen Mittelgebirge zum Verkauf stand, war in einem ruinösen Zustand. Und doch waren die Bauherren auf Anhieb vom schlichten Charme des alten Gemäuers fasziniert und beschlossen, es zum neuen Zuhause ihrer fünfköpfigen Familie zu machen. Ihrem Architekten Filip Nosek kam damit eine anspruchsvolle Aufgabe zu: Einerseits galt es, den Zweckbau möglichst kostengünstig in ein zeitgemäßes, komfortables Wohnhaus zu verwandeln, andererseits sollte das Erscheinungsbild des historischen Gebäudes weitgehend erhalten bleiben.

Nosek konzipierte das Familiendomizil daher als Haus im Haus: Die ehemalige Scheune dient – wie bisher – als Wind- und Wetterschutz. In respektvoller Distanz zur 60 Zentimeter dicken alten Bruchsteinhülle wurde im Inneren eine neue, hochwärmegedämmte Holzständerkonstruktion eingefügt. Im unbeheizten Raum zwischen beiden Gebäudeteilen entstand eine klimatische Pufferzone, die sich positiv in der Energiebilanz bemerkbar macht. Mit Ausnahme eines Wanddurchbruchs für den Eingang auf der Südseite waren keine weiteren Eingriffe in das alte Mauerwerk nötig. Auch die beiden großen Öffnungen der ehemaligen Scheunentore blieben erhalten und belichten nun den Wohn- und Essbereich im Erdgeschoss.

Zwischen Alt und Neu, zwischen äußerem und innerem Haus ergibt sich ein spannungsreicher Dialog, der durch gezielt gesetzte Öffnungen und Blickachsen inszeniert wird. Liegende Fenster in der neuen Dachhaut versorgen die Schlafzimmer im Obergeschoss mit reichlich Tageslicht. Zwar mussten die Individualräume aus Platzgründen relativ klein ausfallen, doch das Familienleben spielt sich ohnehin meist im großen Gemeinschaftraum im Erdgeschoss ab. Während der Sommermonate scheint hier die Trennung zwischen innen und außen fast aufgehoben: Dann öffnen sich die großen Glasschiebetüren hinter den früheren Scheunentoren und die Natur lockt die Bewohner ins Freie.

1 *Haus im Haus: Die ehemalige Scheune aus Bruchsteinmauerwerk bildet die äußere Hülle für das neue Familiendomizil, das als leichte Holzkonstruktion eingefügt wurde. Im Zwischenraum entstand eine unbeheizte Pufferzone.*

1 Sichtbare Deckenbalken aus Massivholz sowie lebhaft gemaserte Kiefernholzdielen geben dem Allraum im Erdgeschoss sein besonderes Flair. Die Schiebetüren an den Längsseiten machen die Grenzen zwischen Innen-, Zwischen- und Außenraum fließend.

2 Geräumig wirkt das Elternzimmer, das sich bis unter den First öffnet. Die Holzbalken über der Sitznische im Osten blieben als Reminiszenz an den alten Dachstuhl erhalten.

3 Die massive Wandscheibe im Hintergrund trennt die Küche optisch vom Eingangsbereich ab. Die Treppe zum Obergeschoss ragt seitlich aus dem Holzhaus heraus und schiebt sich in den Zwischenraum.

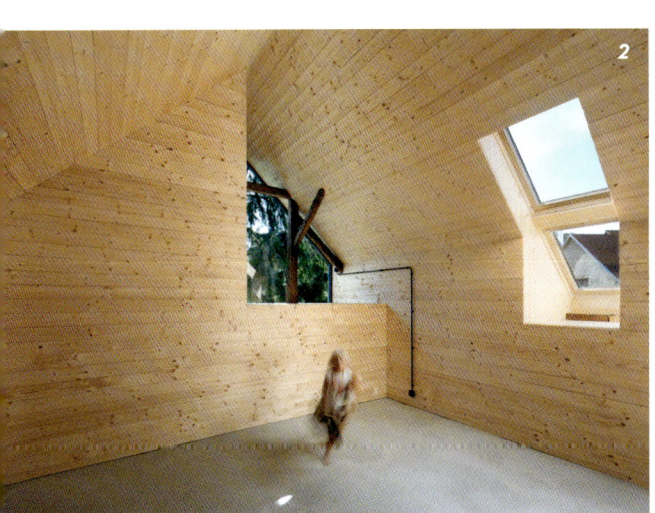

1 Das alte Steingemäuer zeigt sich auch nach der Renovierung unverändert. Das Dach hingegen wurde komplett erneuert und erhielt eine anthrazitfarbene Blechdeckung mit vielen Oberlichtern.

2 Für die Treppenstufen wurden die Holzbalken des ehemaligen Dachstuhls verwendet, der im Lauf des Umbaus entfernt und durch eine neue Konstruktion ersetzt werden musste.

3 Der Flur im Obergeschoss führt zu den Schlaf- und Kinderzimmern. Wand- und Deckenoberflächen in Bretterschalung sowie Estrichboden bestimmen den Raumeindruck in dieser Ebene.

Filip Nosek, A2F Architekten

》 Durch das Haus-im-Haus-Prinzip bleibt der Charakter des Ortes erhalten. Eine Vielzahl von Ein-, Aus- und Durchblicken verwebt den Neubau mit dem alten Steingemäuer. 《

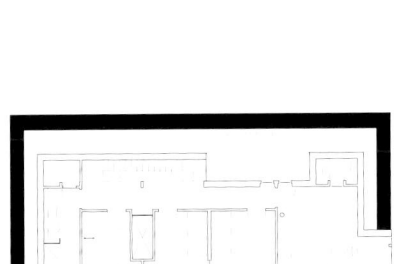

Obergeschoss

Gebäudedaten

Grundstücksgröße: 4.280 m²
Wohnfläche: 132 m²
Zusätzliche Nutzfläche: 36 m²
Anzahl der Bewohner: 5
Bauweise: Bruchsteinmauerwerk (Bestand), Holzständerbau (Neubau)
Baujahr Scheune: 1889
Fertigstellung Umbau: 2012

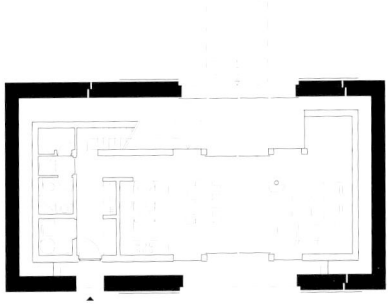

Erdgeschoss

WOHNEN IN DER VERTIKALEN

Stadthaus in Braunschweig

Ahad Architekten

1 Vormauerklinker in verschiedenen Farbnuancen sorgen für ein abwechslungsreiches Erscheinungsbild der Straßenfronten. Beim Wohn- und Atelierhaus der Architekten wird diese Wirkung durch die reliefartige Fassadenstruktur noch verstärkt.

Wohnen in der Stadt ist wieder gefragt: Gerade junge Familien schätzen die Vorteile guter Infrastruktur und zentraler Lagen. Die Kommunen haben den Trend erkannt und stellen Flächen für den verdichteten Eigenheimbau zur Verfügung. Wie etwa in Braunschweig, wo auf dem citynahen Areal eines ehemaligen Straßenbahndepots ein neues Quartier entstand, das mit privaten Baugemeinschaften realisiert wurde.

Auch das Architektenpaar Katja und Sascha Ahad zog es hierher. Für ihre Baugruppe entwickelten die beiden aus drei verschiedenen Grundrisstypen eine Reihe individueller Stadthäuser, die sich dank einer rationellen Konstruktions- und Bauweise sowie weitgehend einheitlicher Materialien erfreulich kostengünstig realisieren ließen. Die Vormauerziegel der Straßenfassaden wählten die Bauherren gemeinsam aus und stimmten sie farblich aufeinander ab. Ganz in Weiß hingegen zeigen sich die verputzten Gartenfronten, die durch loggienartige Einschnitte und Dachterrassen geschickt gestaffelt sind, sodass trotz urbaner Dichte blickgeschützte Freisitze entstehen.

So ähnlich die Häuser nach außen hin wirken – in Raumorganisation und Innenausbau unterscheiden sie sich doch deutlich voneinander. Wie auch das Wohn- und Arbeitsdomizil der Architektenfamilie: Von der Eingangsebene mit den Atelierräumen, die sich auf der Gartenseite mit einem Holzdeck fließend ins Freie erweitern, führt eine schmale Sichtbetontreppe in die private Wohnetage, die über die gesamte Haustiefe reicht. Große Glasfronten an beiden Stirnseiten holen viel Licht herein, weiße Decken und Wände sowie heller Estrichboden verstärken den Eindruck eines luftigen Raumkontinuums. An warmen Tagen lockt eine gebäudebreite Frühstücksterrasse vor der Essküche die Familie nach draußen. Die Kinder bekamen ihr Reich im zweiten Stock, die Eltern haben sich ihre ruhige Rückzugszone in der obersten Etage eingerichtet – mit einer Dachterrasse, die von der Abendsonne beschienen wird.

1 Interessante Perspektiven bieten sich vom loftartigen Elternbereich in der obersten Etage: Er öffnet sich im Westen auf eine große Dachterrasse mit Blick über das neue Stadtviertel.

2 Vor- und Rücksprünge gliedern die verputzten Gartenfassaden und lassen loggienartige Freisitze auf verschiedenen Ebenen entstehen. Die Grünfläche wird von allen Parteien gemeinsam genutzt.

3 Weiße Decken und Wände sowie farbig beschichteter Estrichboden prägen den Raumeindruck im ersten Obergeschoss. Die Essküche erweitert sich auf eine gebäudebreite Frühstücksterrasse.

Sascha und Katja Ahad

» Die Räume erweitern sich auf drei Ebenen ins Freie. Das ist eine großartige Qualität, weshalb uns diese verdichtete Wohnform mit allen Vorzügen der nahen Stadt begeistert. «

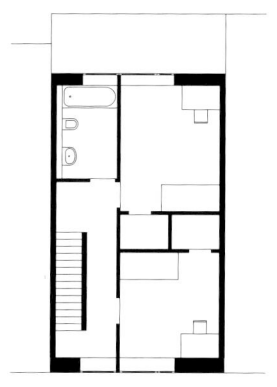 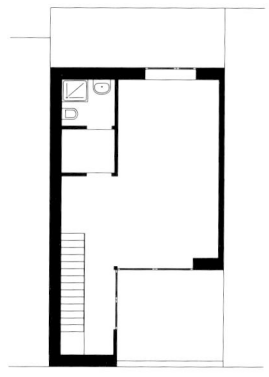

2. Obergeschoss — 3. Obergeschoss

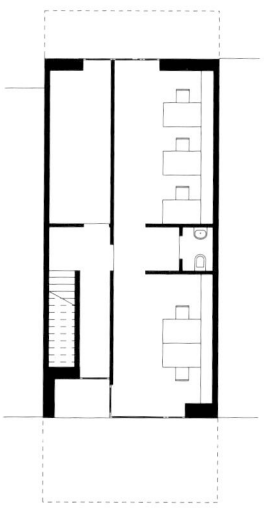

Erdgeschoss — 1. Obergeschoss

Gebäudedaten

Grundstücksgröße: 174 m²
Wohnfläche: 196 m²
Zusätzliche Nutzfläche: 6 m²
Anzahl der Bewohner: 4
Bauweise: zweischaliges Mauerwerk aus Porotonsteinen
Fertigstellung: 2011

GUT BEDACHT
Slim House in London (Großbritannien)

Alma-nac Collaborative Architecture

Gerade einmal 2,30 Meter breit ist das alte Haus, das sich im Londoner Stadtteil Clapham zwischen die Fassaden seiner Nachbarn zwängt. Ebenso ungewöhnlich ist auch der Grundstückszuschnitt: Das Areal reicht gut 32 Meter in die Tiefe und diente in früheren Zeiten als Durchgangszone zu den Ställen. Um 1900 wurde die schmale Lücke an der Straße dann mit einem kleinen Wohngebäude geschlossen, das seither immer wieder umgebaut und erweitert worden war, was die düstere Enge seines Interieurs jedoch nur noch verstärkte.

Nachdem das Büro Alma-nac den Auftrag erhalten hatte, den Altbau heutigen Wohnansprüchen sowie dem Raumbedarf einer vierköpfigen Familie anzupassen, sahen sich die Planer vor eine diffizile Aufgabe gestellt – zumal das knappe Budget des jungen Bauherrenpaars wenig Spielraum ließ. Die größte Herausforderung jedoch war es, das typische Stadthausproblem geschickt zu lösen und über die extrem schmalen Stirnseiten möglichst viel Licht ins Innere zu holen.

Zu diesem Zweck erweiterten die Architekten den Bestand auf der Rückseite mit einer leichten Holzkonstruktion in den Garten. Den Anbau überwölbten sie mit einem sanft geneigten, weit herabgezogenen Dach, das von zahlreichen Oberlichtern durchbrochen wird. Im Erdgeschoss ergab sich so eine enfiladenartige, fast 17 Meter lange Raumfolge, die von der Diele über einen winzigen Wohnbereich bis hin zur Küche mit lichtdurchflutetem Essplatz reicht. In den beiden oberen Etagen entstanden zwei zusätzliche sonnige Zimmer auf der Südseite.

Jeder Quadratmeter wird hier sinnvoll genutzt: Bäder und Nebenräume sind kompakt in der Gebäudemitte zusammengefasst. Intelligente Stauraumlösungen und Einbauten machen bewegliche Möbel fast überflüssig. Im Elternzimmer etwa ersetzt eine Ankleide zusätzliche Schränke, Bettkasten und Ablageflächen wurden platzsparend in die Dachschräge integriert, sodass auch auf geringer Fläche nirgendwo ein beengtes Gefühl aufkommt.

1 Raffinierter Lückenfüller: Der Neubau erweitert ein winziges historisches Stadthaus um zusätzliche Zimmer auf der Gartenseite. Große Fenster durchbrechen das schiefergedeckte Dach und holen viel Licht ins Innere.

1 Die durchgehende Sichtachse im Erdgeschoss lässt auch auf minimaler Fläche ein Gefühl von Offenheit und Weite entstehen. Ein Höhenversatz in der Geschossdecke zwischen Küche und Essplatz gibt dem Raum mehr Luftigkeit.

2 Das geneigte Dach bestimmt den Raumeindruck des Elternschlafzimmers in der ersten Etage. Bettkasten und Ablageflächen sind in die Schräge integriert und sparen zusätzliche Aufbewahrungsmöbel.

3 Zur Straße im Norden präsentiert sich der vordere Teil des Gebäudes unverändert mit seiner historischen Fassade im viktorianischen Stil, die nur mit einem hellen Anstrich aufgefrischt wurde.

4 Der offene Grundriss hilft geschickt, die räumliche Enge zu überspielen. Hinter der Treppe schließt sich der Eingangsbereich im Altbau an.

1 *Kaum breiter als ein normaler Flur, doch 17 Meter tief ist dieses Familiendomizil. Vom Innenhof reicht der Blick durch das offene Erdgeschoss bis zur gegenüberliegenden Straßenfront mit den alten Sprossenfenstern.*

Chris Bryant, Caspar Rodgers, Tristan Wigfall, Alma-nac Collaborative Architecture

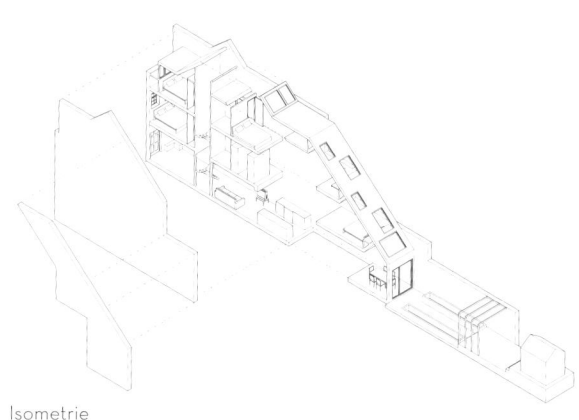

Isometrie

》 Eine besondere Herausforderung war es, natürliches Licht tief ins Gebäudeinnere zu holen und Räume zu schaffen, die großzügig und hell wirken. 《

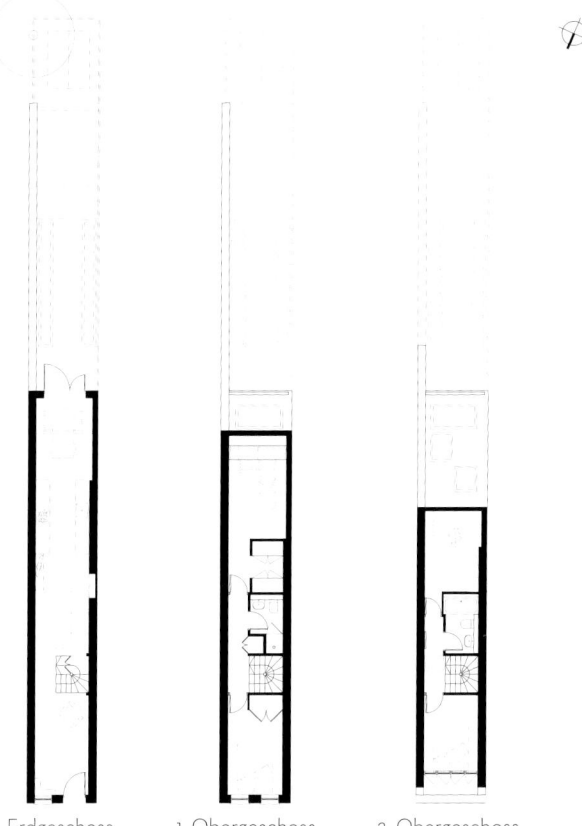

Erdgeschoss 1. Obergeschoss 2. Obergeschoss

Gebäudedaten

Grundstücksgröße: 90 m²
Wohnfläche: 98 m²
(davon Neubau 46 m²)
Anzahl der Bewohner: 4
Bauweise: Holzkonstruktion mit Schieferverkleidung
Bau- und Umbaukosten gesamt: ca. 118.000 € (netto)
Fertigstellung: 2012

IM GRÜNEN BEREICH
Seehaus in der Uckermark

Arcs Architekten

An dem idyllisch gelegenen Ausflugssee bei Berlin bilden alte Kiefern und Buchen die grüne Kulisse für dieses Ferienhaus. Der Architekt Christian Sandweger konzipierte einen kubisch-klaren Bau, der sich zurückhaltend in seine natürliche Umgebung einfügt. Da sich das Grundstück in einem landschaftlich sensiblen Bereich befindet, waren bei der Planung restriktive behördliche Vorgaben zu beachten. Dennoch gelang es hier, innerhalb der engen Grenzen und Möglichkeiten des Baurechts ein geräumiges Familiendomizil zu realisieren.

Auf dem schmalen, lang gestreckten Areal ist der Neubau als schlichter, flach gedeckter Sichtbetonriegel parallel zum Ufer platziert. Das robuste Material der Außenhaut prägt auch sein Interieur: Wände und Decken sind aus schalungsroh belassenem Beton, dessen spröde Oberflächen in reizvollem Kontrast zum warmtonigen Eichenholz der Parkettböden und Einbauten stehen. Die Reduktion auf wenige Farben und Materialien sowie die dezente Möblierung lenken nirgendwo vom Wesentlichen ab: der fantastischen Aussicht auf das Wasser und in die freie Landschaft, die auf der Südseite mit einer übereck laufenden Glasfront gekonnt inszeniert wird.

Zentrum des Familienlebens ist der offene Wohn-, Koch- und Essbereich in der Eingangsebene, an den sich östlich das Elternzimmer anschließt. Da das Haus nicht ständig bewohnt wird, konnten die Individualräume im Souterrain relativ klein ausfallen: Gäste- und Kinderzimmer sind als minimalistische Schlafkojen ausgebildet, die über eine Abböschung mit Tageslicht versorgt werden. Zusätzlichen Spielraum für den Nachwuchs bietet ein breiter Flur vor der Treppe.

Zur stimmigen Wohnatmosphäre tragen nicht zuletzt die vielen maßgefertigten Einbauten und Wandschränke bei, die alle Dinge des täglichen Gebrauchs dezent verschwinden lassen. Sie bringen Ruhe in die Räume und lassen das Haus trotz seiner überschaubaren Dimensionen optisch größer wirken.

1 Der schlichte Baukörper fügt sich zurückhaltend in seine Umgebung ein. Glasschiebetüren öffnen den Wohnbereich auf der Südseite zum See, das Souterrain erhält über eine Abböschung Tageslicht.

1

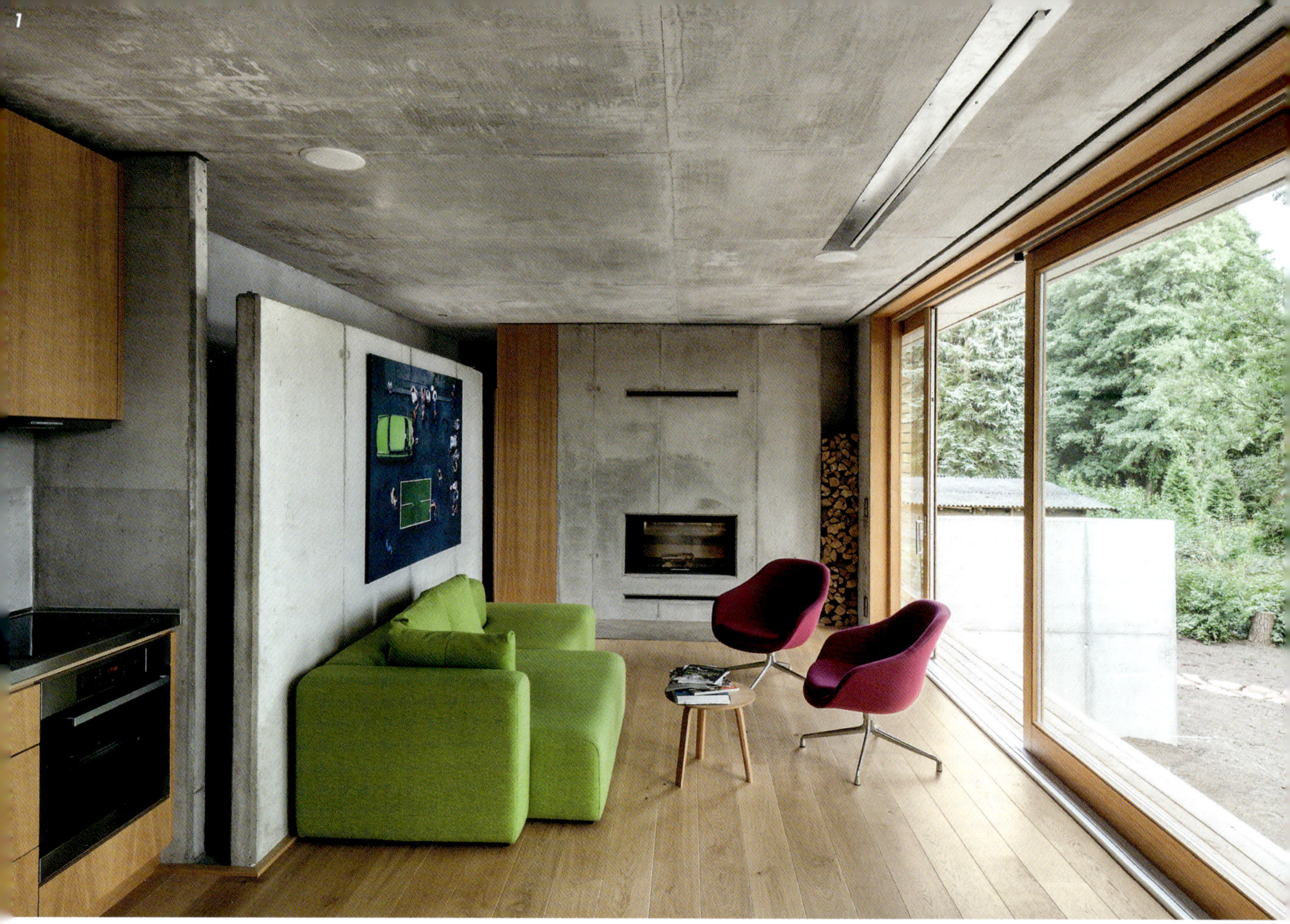

2

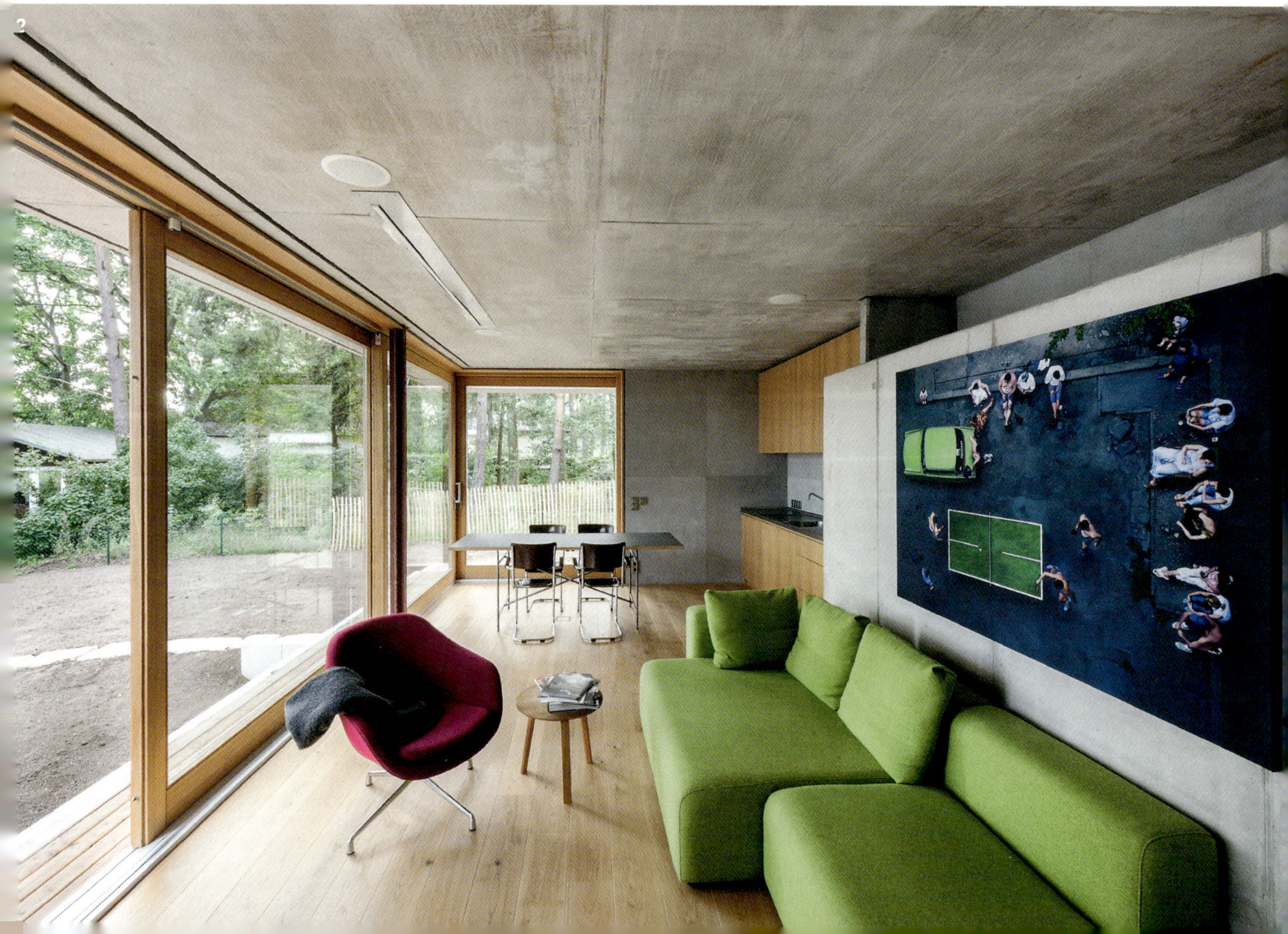

1 Beton an Wand und Decke bestimmt den Raumeindruck im ganzen Haus und steht in reizvollem Kontrast zu den warmtonigen Parkettböden und Einbauten aus Eichenholz.

2 Übereck gezogene Glasfronten lenken den Blick auf die Landschaft. Küche, Ess- und Wohnbereich gehen in der Eingangsebene offen ineinander über. Die massive Wand hinter dem Sofa schirmt die Treppe ab.

3 Schöne Perspektiven ins Grüne eröffnen sich sogar vom Bad im Souterrain aus. Die Wanne ist auf Höhe der Fensterbrüstung eingebaut, sodass sich auch hier der Ausblick auf den See bietet.

4 Kinder- und Gästezimmer sind als minimalistische Schlafkojen ausgebildet, was angesichts der temporären Nutzung als Wochenendhaus jedoch völlig ausreicht.

5 Materialkontraste prägen auch das Elternzimmer, das an kühlen Tagen über den Kamin in der Trennwand erwärmt wird. Die umlaufende Holzplattform schafft fließende Übergänge zwischen innen und außen.

1+3 *Die Lage ist der wahre Luxus: Das Grundstück hat direkten Zugang zum See, vom Bootssteg aus kann man die Aussicht übers Wasser und auf die idyllische Landschaft ungestört genießen.*

2 *Auf der Eingangsseite bildet eine massive Sichtbetonwand das Rückgrat des Hauses und verleiht ihm ein monolithisches, skulpturales Aussehen. Ein luftiger Betonbügel beschirmt den Freisitz auf der Westseite.*

Christian Sandweger,
Arcs Architekten

» Das Gebäude orientiert sich auf der Südseite ganz zum See. Die durchgehenden Schiebetüren lassen sich vollständig öffnen und holen die Natur ins Haus. «

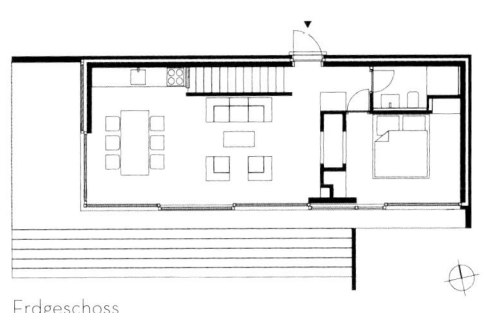

Erdgeschoss

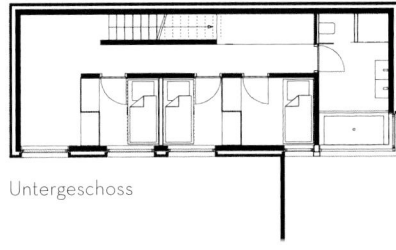

Untergeschoss

Gebäudedaten

Grundstücksgröße: 1.406 m²
Wohn- und Nutzfläche: 120 m²
(mit Terrasse, Steg und Freitreppe)
Anzahl der Bewohner: 5
Bauweise: Sichtbeton mit Kerndämmung
Baukosten gesamt: ca. 200.000 €
Fertigstellung: 2012

KOMPAKTER HOLZQUADER

Wohnhaus mit Atelier in Würzburg

Atelier Fischer Architekten

Gute Architektur ist keine Frage der Finanzen, sondern der Gestaltungskompetenz. Diese Überzeugung setzte der Würzburger Architekt Wolfgang Fischer in dem Entwurf für sein Haus in einem Vorort von Würzburg um. Auf dem schmalen Grundstück von 9 Metern Breite sollte Wohnen und Arbeiten unter einem Dach möglich sein, ohne dass die Räume eng wirken.

Das lang gestreckte Haus ist in Bezug auf Konstruktion, Baumaterialien und Grundriss auf die optimale Wohnqualität bei gleichzeitig überschaubaren Baukosten ausgerichtet. Die zwei Stockwerke des kompakten Flachdachquaders sind als Holzrahmenbau auf Steinfundamenten errichtet. Das Material Holz prägt auch die entspannte Atmosphäre in den Innenräumen: Auf den Böden sind durchgängig Massivholzdielen verlegt, deren warmer Farbton mit den weiß verputzten Wandflächen harmoniert. Südseitige Ausblicke in den Garten unterstreichen die helle und freundliche Stimmung zusätzlich. Im Norden hingegen schottet sich das Haus mit nur wenigen querliegenden Fensterschlitzen zur Straßenseite hin ab.

Das Erdgeschoss reiht einzelne Zimmer entlang eines schmalen Flurs an der Längsseite auf. Um Platz zu sparen, sind das Schlafzimmer und das Bad mit hölzernen Schiebetüren vom zentralen Gang abgetrennt. Im Süden öffnet sich das freundliche, helle Arbeitszimmer mit raumhohen Fenstern zum Garten.

Auf der Nordseite des Erdgeschosses führt eine Treppe in den zentralen Wohnraum im ersten Stock, wo Küche, Essbereich und ein Wohnzimmer fließend ineinander übergehen. Vor dem Sofa breitet sich eine knapp 23 Quadratmeter große Dachterrasse aus. Das auskragende Flachdach schützt den Wohnraum vor der Sonne und spendet außerdem Schatten auf dem rundherum mit dem Fassadenholz ausgeschlagenen Freisitz. Mit rund 100.000 Euro Baukosten hat Wolfgang Fischer ein kleines Reich geschaffen, das ebenso funktional wie wohnlich ist.

1 An seiner Schmalseite öffnet sich der Holzrahmenbau mit dreifachverglasten Fenstern zum Garten. Die Holzschalung der Fassaden wird im ersten Stock zur Brüstung der großen Terrasse, die dem Wohnraum vorgelagert ist.

1 Das Schlafzimmer ist als privater Rückzugsraum auf das Notwendigste reduziert und hat einen direkten Zugang ins Grüne.

2+3 Holzdielen geben den Räumen einen freundlichen, warmen Charakter. Das Atelier im Erdgeschoss wird durch das versetzte Bodenniveau in zwei Zonen gegliedert und geht nahtlos in den Flur über. Vom Arbeitsplatz aus fällt der Blick durch das große Fenster in den Garten (Mitte).

4+5 Das Obergeschoss bündelt Wohnen, Essen und Kochen in einem durchgängigen Raum. Während sich die Küchenzeile mit einem querliegenden Fensterband zur Straßenseite geschlossen gibt (unten), erhält der Wohnbereich durch die bodentiefen Fenster viel Licht (oben).

1

2

1 Der schmale Baukörper nutzt die Tiefe des Grundstücks für kompakte Räume. Die überdachte Terrasse im ersten Stock erweitert den Wohnbereich um einen sonnen- und regengeschützten Freisitz.

2 Mit kleinen und wenigen Fenstern schottet sich das Haus gezielt zur Straße hin ab. Das kompakte Bauvolumen hat keine Vorsprünge und Auskragungen, was sich bei den Baukosten deutlich bemerkbar machte.

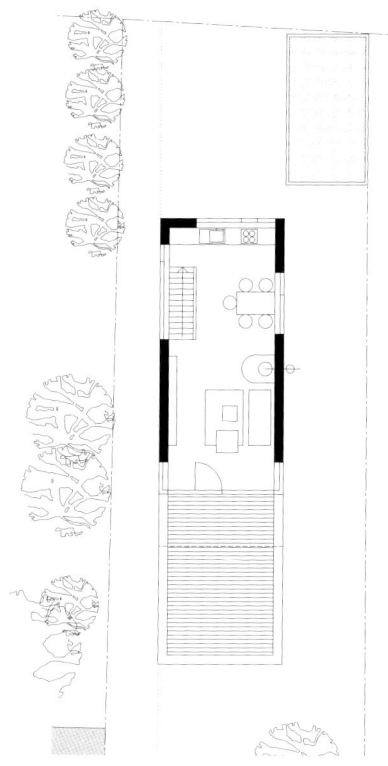

Obergeschoss

Wolfgang Fischer

》 Klare Räume schaffen klare Gedanken. Und mit puren, sinnlichen Materialien entsteht eine anregende Atmosphäre. So wird das Alltägliche immer wieder zum Besonderen. 《

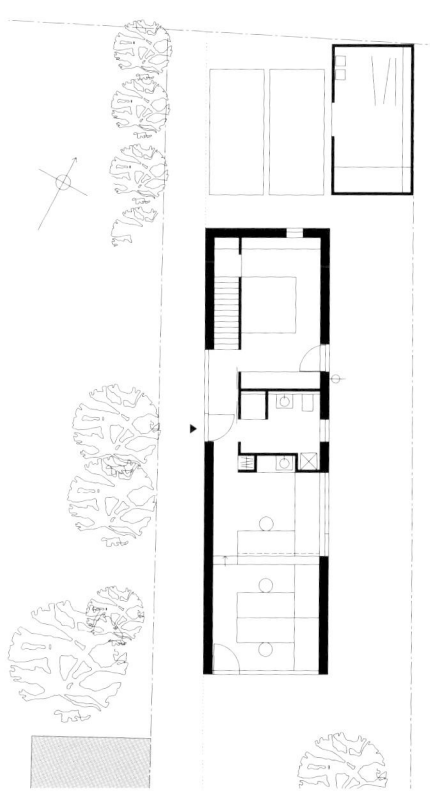

Erdgeschoss

Gebäudedaten

Grundstücksgröße: 288 m²
Wohnfläche: 101 m²
Anzahl der Bewohner: 2
Bauweise: Holzrahmenkonstruktion
Baukosten gesamt: 108.000 €
Fertigstellung: 2010

RUNDHERUM IN LÄRCHENHOLZ GEKLEIDET

Niedrigenergiehaus in Lucka, Thüringen

Atelier ST

Zwischen seinen uniformen Eigenheimnachbarn behauptet sich das Niedrigenergiehaus am Stadtrand von Lucka als charakterstarker Solitär. Die Leipziger Architekten Silvia Schellenberg-Thaut und Sebastian Thaut von Atelier ST verzichteten bewusst auf Vordächer und Anbauten, um die klaren Konturen des Gebäudevolumens zu betonen. Das vorspringende Obergeschoss schützt den Eingangsbereich im Süden. Lärchenholzprofile umhüllen sämtliche Fassaden- und Dachflächen des Hauses. Je nach Witterung ändert die hölzerne Außenhaut ihre Farbe und erhält mit den Jahreszeiten stets ein neues Gesicht.

Die markante äußere Erscheinung des Hauses für eine vierköpfige Familie ist eine Konsequenz der inneren Raumorganisation und trägt ökologischen Überlegungen Rechnung. Zur optimalen Belichtung der Innenräume sind die Flächen des Giebeldachs unterschiedlich geneigt. In Kombination mit einem Wärmespeicher deckt die Solaranlage auf dem Dach den gesamten Wärmebedarf des Niedrigenergiehauses.

Unterschiedliche Deckenhöhen und eine offene Galerie geben den Innenräumen Dynamik. Im Anschluss an die Eingangszone liegt im westlichen Erdgeschoss der zentrale Wohnbereich. Übereck gesetzte Sonnenschutzgläser öffnen den hellen Raum zum Garten. Durch die bodentiefen Fenster fällt viel Licht in den Essbereich, der der offenen Küche zugeordnet ist. Der Wohnbereich streckt sich bis unter das Giebeldach und wirkt deshalb luftig und großzügig. Im ersten Stock verbindet eine Galerie die beiden Geschosse des Hauses optisch miteinander und dient als Arbeitsbereich. Große Dachfenster lenken das Tageslicht in die beiden Kinderzimmer, das Elternzimmer orientiert sich mit einem Fensterband nach Osten. Der durchgängig currygelbe Estrichboden, bei dessen Farbwahl die Kinder mitentscheiden durften, gibt den Innenräumen einen fröhlichen und gleichzeitig individuellen Charakter.

1 *Mit seiner kantigen Form setzt sich das Niedrigenergiehaus von der Nachbarbebauung ab. Der Eingangsbereich im Süden ist durch einen Gebäudeeinschnitt geschützt.*

1 Der helle Essbereich geht nahtlos in eine Wohnzone über, die sich über beide Geschosse bis unters Dach erstreckt. Die raumhohe und übereck gezogene Verglasung öffnet die Flächen Richtung Südwesten zum Garten.

2 Rundherum in Lärchenholz gehüllt, wird der Baukörper mit der Witterung und den Jahren sein Gesicht verändern. Die Solaranlage auf dem Dach ist Teil eines ausgeklügelten Energiekonzepts.

3 Platz zum Spielen gibt es auch in den Kinderzimmern im ersten Stock. Ein großes Südfenster belichtet den gemütlichen Raum unter der Dachschräge.

Silvia Schellenberg-Thaut und Sebastian Thaut, Atelier ST

» Gemeinsam mit den Bauherren haben wir Prioritäten gesetzt und dabei besonders auf ökologische Kriterien geachtet. «

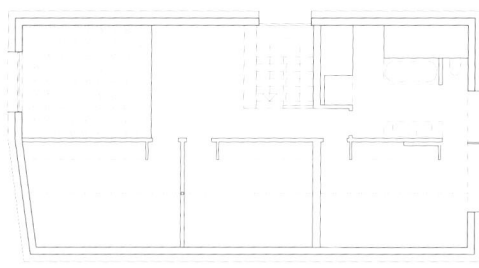

Obergeschoss

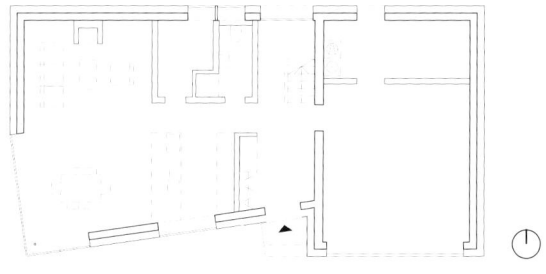

Erdgeschoss

Gebäudedaten

Grundstücksgröße: 566 m²
Wohnfläche: 140 m²
Zusätzliche Nutzfläche: 46 m²
Anzahl der Bewohner: 4
Bauweise: Kalksandstein mit Lärchenholzfassade
Baukosten gesamt: 235.000 €
Fertigstellung: 2008

FAMILIENURLAUB IM MÄRKISCHEN KIEFERNWALD

Wochenenddomizil in Köris, Brandenburg

Atelier ST

Das neue Wochenendhaus der Architekten Silvia Schellenberg-Thaut und Sebastian Thaut duckt sich unter die hohen Bäume des märkischen Kiefernwaldes. Die umliegende Natur samt den benachbarten Seen macht das kleine Waldhaus in Köris zu einem perfekten Entspannungsort für die Familie. Mittig auf dem großen Waldgrundstück platziert, greift das Holzhaus die Proportionen und das Erscheinungsbild des Vorgängerbaus auf. Durch die dunkle Holzverschalung und das leicht ausladende Dach erinnert der Neubau an ein Hexenhäuschen aus der Märchenwelt.

Wie Bilderrahmen öffnen sich die wenigen, sorgfältig platzierten Fenster mit weiß gestrichenen Blenden zur Natur und setzen Akzente in den dunkel lasierten Kiefernholzfassaden. Die Innenräume greifen diesen Farbkontrast mit einer durchgängig weiß gehaltenen Holzverkleidung für Wände, Böden und Decken auf. Sie verbreiten ein behagliches skandinavisches Flair und lassen die Wohnfläche trotz ihrer überschaubaren 62 Quadratmeter großzügig wirken.

Der Grundriss ist ebenso kompakt wie übersichtlich organisiert. Im Westen öffnet sich der zentrale Wohnraum auf eine vorgelagerte Loggia. Seine Deckenhöhe dehnt sich bis unter das Dach aus, sodass trotz der bescheidenen Fläche ein großzügiger Eindruck entsteht. Auf die schmale Galerie, die den Wohnraum mit einer Bibliothek und Rückzugsmöglichkeit für Gäste erweitert, führt eine platzsparende Leiter. Durch das große Fenster, das die gesamte Fassadenbreite des Wohnbereichs einnimmt, bleibt die Natur auch im Innenraum präsent. Eine zusätzliche Blickachse durch das gesamte Haus zieht die große Durchreiche vom Essbereich zur Küche. Am östlichen Eingang runden eine kleine Diele, das Bad und die Küche mit maßgefertigten Holzschränken das Raumarrangement im Erdgeschoss ab. Die Schlafräume im ersten Stock schmiegen sich wie gemütliche Kojen unter das Satteldach des Hauses und wiegen die Bewohner in märchenhafte Träume.

1 Das kleine Holzhaus ist mittig auf dem Waldgrundstück platziert und strahlt sowohl Zurückhaltung als auch Geborgenheit aus. Die Fassade aus dunkel lasiertem Kiefernholz kontrastiert mit den weißen Fensterrahmungen.

1

2

1 In den Innenräumen entsteht durch einheitliche weiße Wandverkleidungen und Böden aus Kiefernholz eine freundliche und helle Atmosphäre mit skandinavischem Flair. Vom Wohnbereich führt eine Leiter auf die kleine Galerie. Ein Holzofen wärmt das ganze Haus.

2 Eine große Durchreiche verbindet die Küche mit dem Wohnbereich und zieht eine lange Blickachse durch das ganze Haus. Die Küche ist eine Einzelanfertigung vom Schreiner und erhält durch traditionsbewusste Porzellangriffe einen individuellen Charme.

3 Wohn- und Essbereich erstrecken sich bis unter das Dach des kleinen Hauses. Das raumhohe Fenster nimmt die gesamte Fassadenbreite ein und gibt den Blick in den märkischen Kiefernwald frei. Im Sommer erweitert die vorgelagerte Loggia die Räume.

1 Mitten in der Natur gelegen, ist das kleine Holzgebäude ein idealer Ort zur Erholung am Wochenende. Von außen präsentiert es sich wie ein kleines Hexenhäuschen und vereint Zeitgeist und Tradition unter seinem Satteldach.

Silvia Schellenberg-Thaut und Sebastian Thaut, Atelier ST

》 Der Neubau strahlt Zurückhaltung und Geborgenheit aus, spielt mit Zeitgeist und Tradition. Daraus entsteht ein selbstverständliches Wohngefühl. Hinzu kommt das einzigartige, konstruktionsbedingte Raumklima: Es duftet immer so schön nach Holz. 《

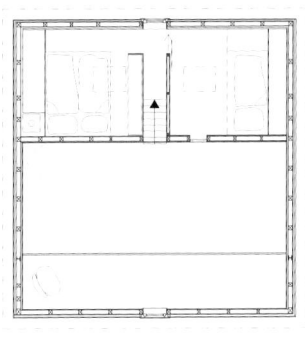

Obergeschoss

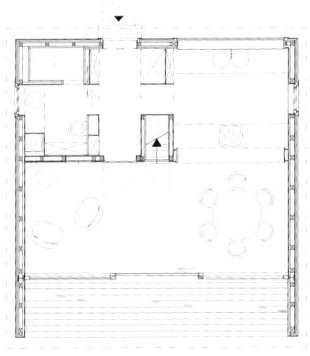

Erdgeschoss

Gebäudedaten

Grundstücksgröße: 2.000 m²
Wohnfläche: 62 m²
Anzahl der Bewohner: 3
Bauweise: Holzkonstruktion
Baukosten gesamt: 90.000 €
Fertigstellung: 2010

AUS EINEM GUSS

Wochenendhaus in Bad Saarow bei Berlin

Augustin und Frank Architekten

Irritierend anders wirkt dieses Wochenenddomizil eines passionierten Seglers, das auf einem malerischen Ufergrundstück am Scharmützelsee bei Berlin entstand: Der Dachfirst ist leicht schräg gestellt und dreht sich um gut 1 Meter aus der Längsachse heraus. Mit diesem wohlkalkulierten Effekt verliehen die Architekten Ute Frank und Georg Augustin dem massiven Baukörper ein ungewohnt dynamisches Aussehen. Auch die Rillenstruktur seiner Außenhaut ist ein besonderer Blickfang: Die gesamte Gebäudehülle einschließlich des Dachs besteht aus einer tragenden Schale aus wasserundurchlässigem Stahlbeton. Auf die äußere Bretterschalung wurden gehobelte Holzleisten genagelt, denen das Haus seine stark profilierte, markante Oberfläche verdankt.

Die Lage der Fensteröffnungen ergab sich aus den unterschiedlichen Sichtbeziehungen – zum See auf der einen, zum Waldrand auf der anderen Seite. Das Erdgeschoss ist auf beiden Längsseiten raumhoch verglast und völlig frei von tragenden Wänden oder störenden Stützen: Sämtliche Lasten werden über die beiden massiven Stirnwände abgeleitet. Nur eine skulptural anmutende, vom Obergeschoss abgehängte Stahltreppe gliedert das offene Raumkontinuum in Küche sowie Ess- und Wohnbereich.

Die privaten Zimmer reihen sich in der oberen Etage entlang eines Flurs aneinander und lassen sich bei Bedarf über Schiebetüren abteilen oder zusammenschalten. Auf der Seeseite öffnen sie sich mit einer durchlaufenden Glasfront auf eine schmale Loggia mit gläsern-transparenter Brüstung. Im Inneren entstehen durch den schräg verlaufenden Dachfirst und die rechtwinklig dazu stehenden Trennwände ungewöhnliche Raumzuschnitte und Blickachsen. Im Gegensatz zum Erdgeschoss, das ganz von Sichtbetonoberflächen dominiert wird, sind die Wände und Decken des Obergeschosses komplett mit Sperrholzplatten verkleidet. Sie vermitteln eine behagliche Atmosphäre, die an das Innere eines Kajütboots erinnert.

1 Der massive Bau hebt sich selbstbewusst von der malerischen Naturlandschaft ringsum ab. Sein schräg verlaufender, leicht aus der Achse gedrehter Dachfirst bringt Schwung in die Gartenfassade.

1 Ein besonderer Blickfang ist die vom Obergeschoss abgehängte Stahltreppe, die über dem Boden des Wohnbereichs schwebt und den Raum optisch gliedert. Hinter der Küchenwand verbergen sich Gäste-WC und Abstellkammer.

2 Die Erschließungszone in der oberen Etage wird von Einbauschränken gesäumt, die in die holzverkleideten Wände integriert sind. Über die verglaste Öffnung in der Dachfläche dringt zusätzliches Tageslicht herein.

3 Helles Holz bestimmt auch die Atmosphäre im Bad. Durch den gedrehten Dachfirst und die schräg verlaufenden Trennwände ergeben sich im ganzen Haus ungewöhnliche Raumzuschnitte.

4 Klar lackierter Sichtbeton sowie gewachster Estrichboden prägen das puristische Interieur im Erdgeschoss. Da alle Lasten über die Stirnseiten abgetragen werden, ist der offene Raum völlig stützenfrei.

1

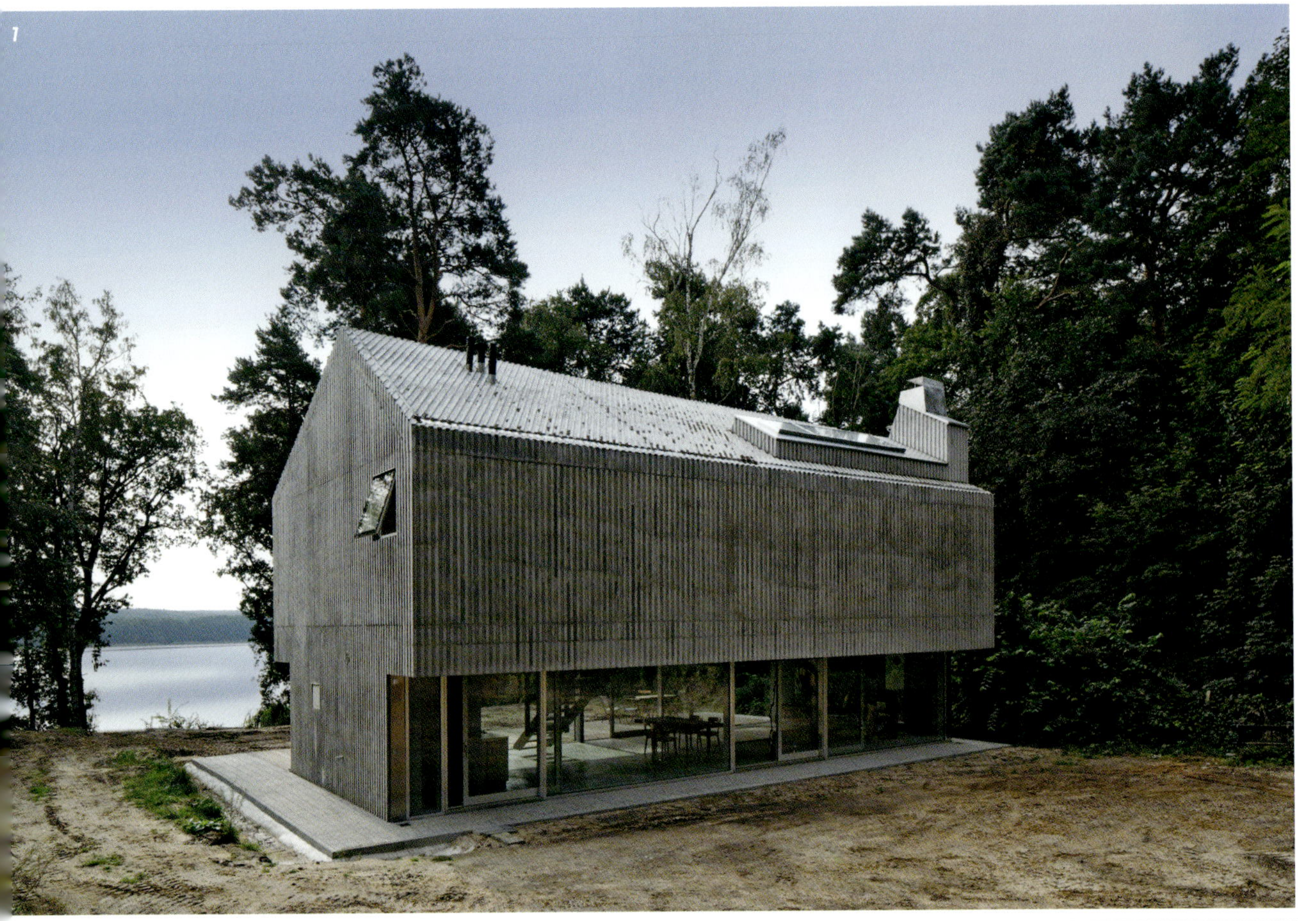

2

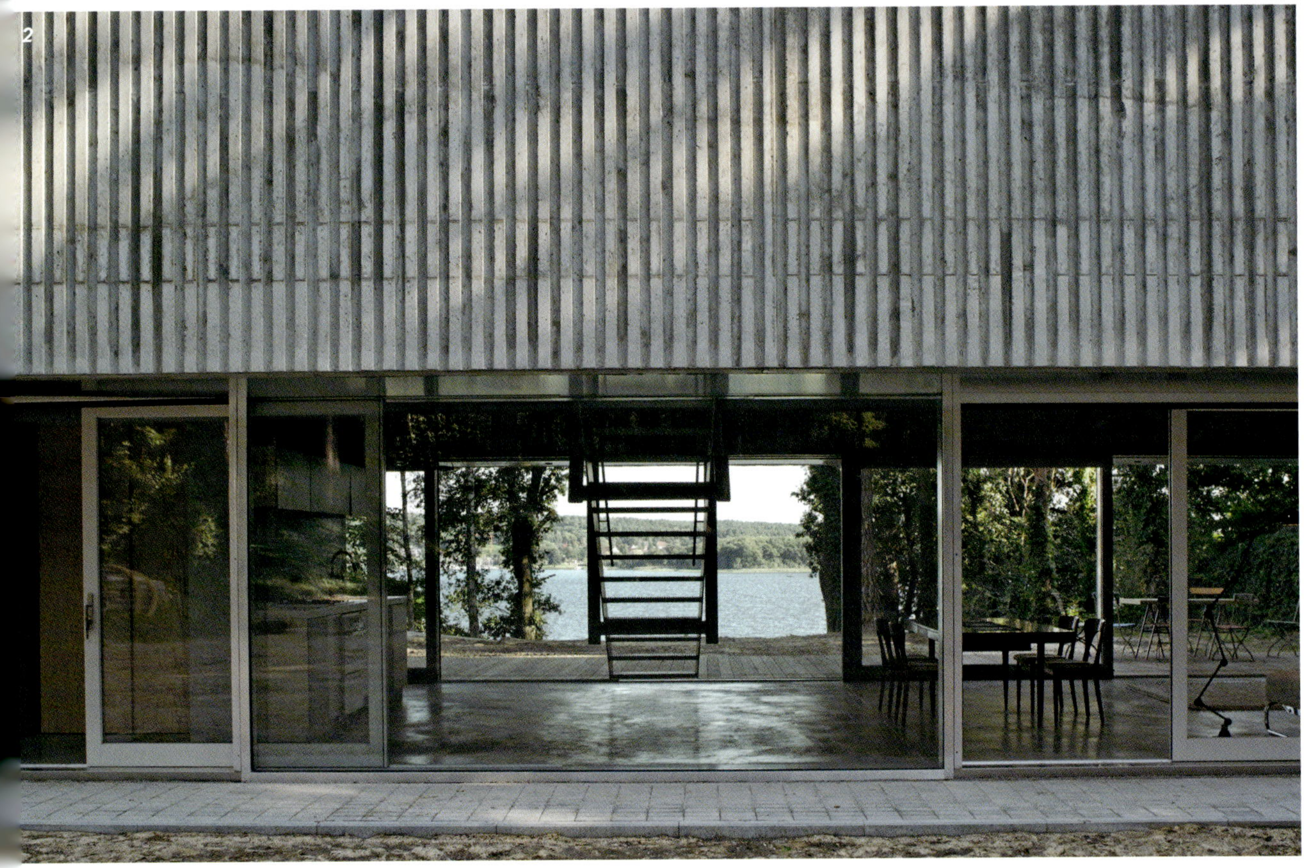

1 *Das Haus ist komplett in Beton gegossen, Dach und Fassade gehen ohne Überstände ineinander über. Die geriffelte Oberflächenstruktur wurde durch gehobelte vertikale Holzlatten in der äußeren Schalung erzeugt.*

2 *Durchlaufende Glasfronten mit breiten Schiebetüren öffnen den Wohnbereich im Erdgeschoss an beiden Längsseiten zum Außenraum, der fast durch das Haus hindurchzufließen scheint.*

Ute Frank und Georg Augustin

» Das Erdgeschoss bleibt frei von tragenden Wänden: Es ist ein auf beiden Längsseiten verglaster großer Raum, durch den der Außenraum förmlich hindurchfließt. «

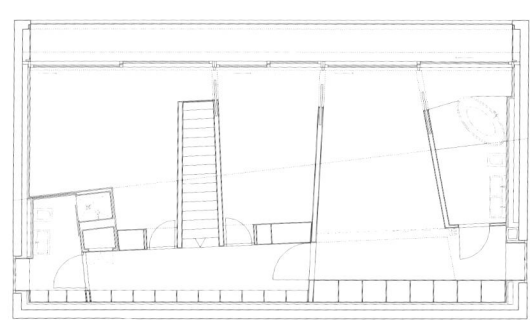

Obergeschoss

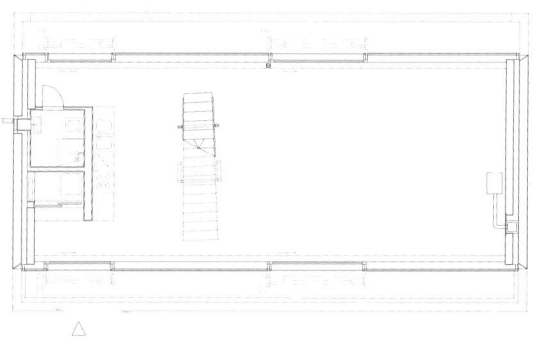

Erdgeschoss

Gebäudedaten

Grundstücksgröße: 3.250 m²
Wohnfläche: 160 m²
Anzahl der Bewohner: 2–4
Bauweise: Stahlbeton
Baukosten gesamt: 450.000 €
Fertigstellung: 2012

KLUG KOMBINIERT
Einfamilienhaus in Ebersberg bei München

Bathke Geisel Architekten

Auf Materialkontraste setzt dieses Familiendomizil in einem Wohngebiet im Münchner Umland: Sein Obergeschoss ruht als kompakter Holzriegel auf einem massiven Sockel aus Sichtbeton, Dach und Fassaden sind komplett mit Zedernholzschindeln überzogen. Eine weite Auskragung beschirmt auf der Südseite den Zugangsbereich, der von einer geschosshohen Wandscheibe räumlich gefasst wird. Diese vermittelt zwischen Haus und Garage und schützt den Garten zudem vor Einblicken.

Sowohl das äußere Erscheinungsbild des Neubaus als auch sein Interieur werden von wenigen einfachen und weitgehend naturbelassenen Materialien geprägt: Im Erdgeschoss dominieren Oberflächen aus Sichtbeton, die – im Gegensatz zur fein gestockten Außenhaut – hier schalungsglatt sind. Auch die massive Bodenplatte erhielt keinen weiteren Aufbau oder Belag, an den Decken wiederum lässt sich die Tragstruktur der großformatigen Elemente aus Kreuzlagenholz deutlich ablesen. In reizvollem Kontrast zu dieser puristisch anmutenden Rohbau-Optik stehen die maßgefertigten, präzise detaillierten Einbauten: Sie sind ebenso wie die Türen und Fenster aus Lärchenholz und sorgen mit ihren warmtonigen, fein gemaserten Oberflächen für eine wohnliche Atmosphäre.

In der Eingangsebene gehen Küche, Ess- und Wohnbereich offen ineinander über und erweitern sich auf der Westseite mit großen Glasfronten fließend ins Freie. Ein Kaminofen sorgt an kühleren Tagen für angenehme Strahlungswärme und unterstützt die Heizungsanlage. Über eine Massivholztreppe gelangt man in die obere Etage mit den Schlaf- und Kinderzimmern, die sich entlang der Gartenfassade aneinanderreihen und mit einem horizontalen Fensterband zusammengefasst sind. Eine kleine Galerie unter der Dachschräge dient den Eltern zudem als ruhiger, separater Arbeitsbereich. Weiß gestrichene Decken und Wände tragen überall zum lichten und luftigen Raumeindruck bei und harmonieren gut mit den hellen Bodendielen aus Nadelholz.

1 Sichtbeton und Zedernholzschindeln prägen die Ansichtsseiten dieses Familiendomizils. Eine Wandscheibe schirmt Garten und Terrasse gegen die Straße ab. Breite Glasschiebetüren erweitern die Wohnfläche fließend ins Freie.

1 Küche, Ess- und Wohnbereich bilden im Erdgeschoss ein offenes Raumkontinuum. Unbehandelte Oberflächen aus Holz und Beton kontrastieren auch im Interieur reizvoll miteinander.

2 Auf der Zufahrtsseite im Süden kragt das Obergeschoss weit über den massiven Sockel aus und lässt einen überdachten Eingangsbereich entstehen, der sich zu einem kleinen Vorplatz formt.

3 Im Elternzimmer in der oberen Etage fand sich unter dem hohen Giebel Platz für eine Arbeitsgalerie. Helle Nadelholzdielen sowie weiße Decken und Wände lassen den Raum licht und weit wirken.

Lutz Geisel und Steffen Bathke

》 Wir möchten das passende Haus für Ort und Menschen schaffen. 《

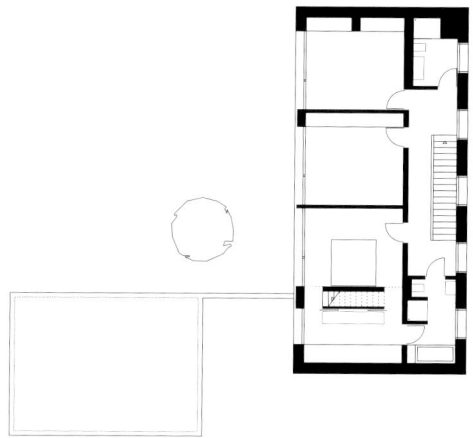

Obergeschoss

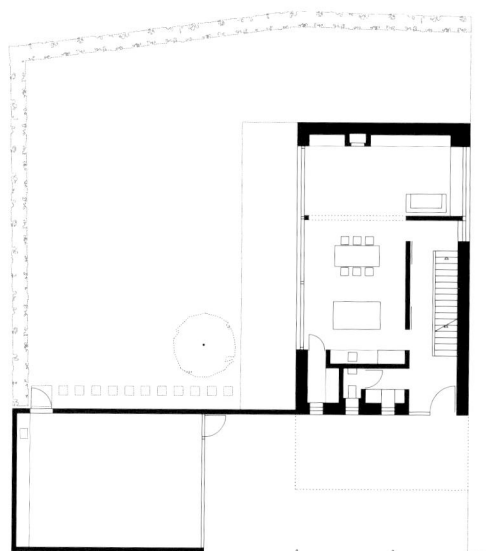

Erdgeschoss

Gebäudedaten

Grundstücksgröße: 544 m²
Wohnfläche: 170 m²
Zusätzliche Nutzfläche: 107 m²
Anzahl der Bewohner: 4
Bauweise: Massivbau (Unter- und Erdgeschoss), Holzbau (Obergeschoss)
Fertigstellung: 2013

VERSETZTE EBENEN

Split-Level-Kubus in Stuttgart

Andrea und Harald Baumann

Wohnhäuser mit Halbgeschossen haben es in sich. Durch ihre reduzierten Erschließungsflächen bleibt mehr Raum zum Wohnen. Großzügig wirkt die Verteilung einzelner Zonen auf Split-Level aber erst, wenn sie für vielfältige offene Raumgestaltungen genutzt wird.

Die Stuttgarter Architekten Andrea und Harald Baumann entwarfen ein raffiniertes Familienrefugium mit Split-Levels, deren unterschiedliche atmosphärische Zonen ineinander übergehen und differenzierte Raumqualitäten schaffen. Von außen zeigt sich das Gebäude in Stuttgart-Botnang zurückhaltend und schlicht. Sparsam gesetzte raumhohe Fenster strukturieren die weißen Putzfassaden.

Die Innenräume verwandeln die äußere Strenge in eine offene Wohnlandschaft, die sich zum Garten nach Südosten orientiert und einzelne Bereiche übereinander staffelt. Die Hanglage des Grundstücks kam der Organisation des Grundrisses mit zentraler Treppe zugute. Im Erdgeschoss gehen Küche und Wohnbereich in einem hellen Raum ineinander über. Über die großflächigen Fensteröffnungen wandert tagsüber die Sonne und schickt ihre Strahlen durch den gesamten Wohnraum. Zwei Terrassen, auf der Garten- und auf der Straßenseite, erweitern die Wohnflächen.

Zwischen dem Erdgeschoss und den Schlafzimmern im oberen Stockwerk liegt das Bad. Der Treppenabsatz zum ersten Stock mündet in einen offenen Spielraum, der die beiden Kinderzimmer anbindet. Mit Fenstern zum Garten schließt sich im Westen der Schlafraum der Eltern an. Ungewöhnlich und zugleich funktional ist das abschließende Halbgeschoss: Als Patio ergänzt es die privaten Rückzugsbereiche um einen ruhigen Außenraum, der vor den Blicken der Nachbarn geschützt ist.

1 *Sorgfältig platzierte Fensteröffnungen rhythmisieren die weißen Putzfassaden der eleganten Villa. Auf der Gartenseite breitet sich ein privates Idyll im Grünen aus.*

1 Tagsüber wandert das Sonnenlicht durch das offene Erdgeschoss und fällt am Nachmittag und Abend in den Essbereich.

2 Die kompakte Küche ist durch einen Schrank vom Essbereich getrennt und öffnet sich mit einer vorgelagerten Terrasse zur Straßenseite.

3 Bodentiefe Fenster öffnen den Wohnbereich zum rückwärtigen Garten und nehmen mit ihren naturbelassenen Lärchenholzrahmen die authentischen Materialfarben der Innenräume auf.

4 Der Innenraum ist in Halbgeschossen organisiert und durchgängig mit Industrieparkett ausgelegt. Im Erdgeschoss gehen die Flächen für Wohnen, Essen und Kochen fließend ineinander über.

3

4

1 Ein zurückgesetzter Gebäudeteil lockert die monolithische Struktur des Hauses auf. Die leichte Hanglage des Grundstücks kam den Architekten bei der Split-Level-Lösung entgegen.

2 Treppenabsätze verbinden die einzelnen Ebenen. Das abschließende Halbgeschoss bildet ein Patio, der als private Terrasse genutzt wird und vor den Blicken der Nachbarn geschützt ist.

3 Ein Dachfenster belichtet den zentralen Treppenraum. Das Split-Level-Konzept reduziert die Erschließungsflächen und bündelt die Kinder- und das Schlafzimmer im ersten Stock.

Andrea und Harald Baumann

》 Das Herzstück unseres Hauses ist die Wohnebene – hier bleibt der Garten ständig präsent und ist ein gefühlter Teil des Wohnraums. 《

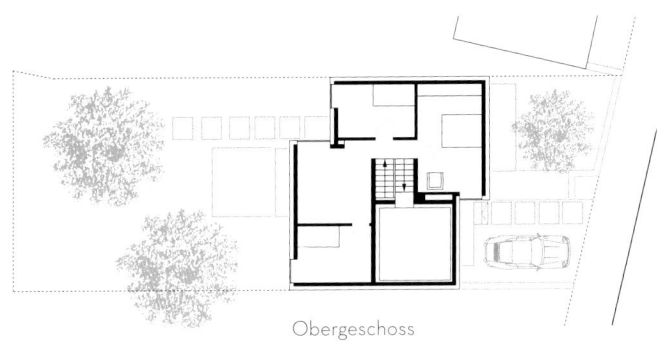

Obergeschoss

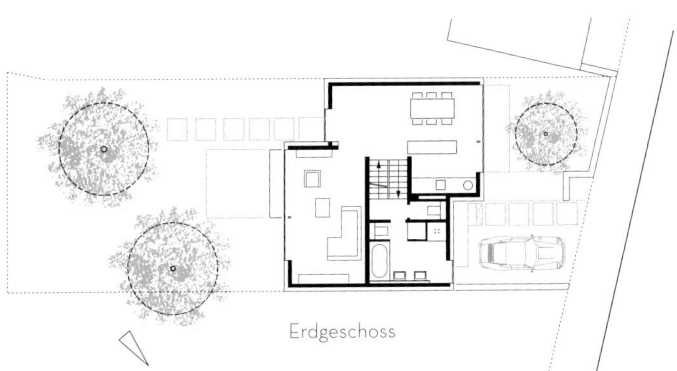

Erdgeschoss

Gebäudedaten

Grundstücksgröße: 300 m²
Wohnfläche: 143 m²
Zusätzliche Nutzfläche: 55 m²
Anzahl der Bewohner: 4
Bauweise: Stahlbeton
Baukosten gesamt: 225.000 €
Fertigstellung: 2009

SCHATTIGES REFUGIUM

J-House bei Valencia (Spanien)

62

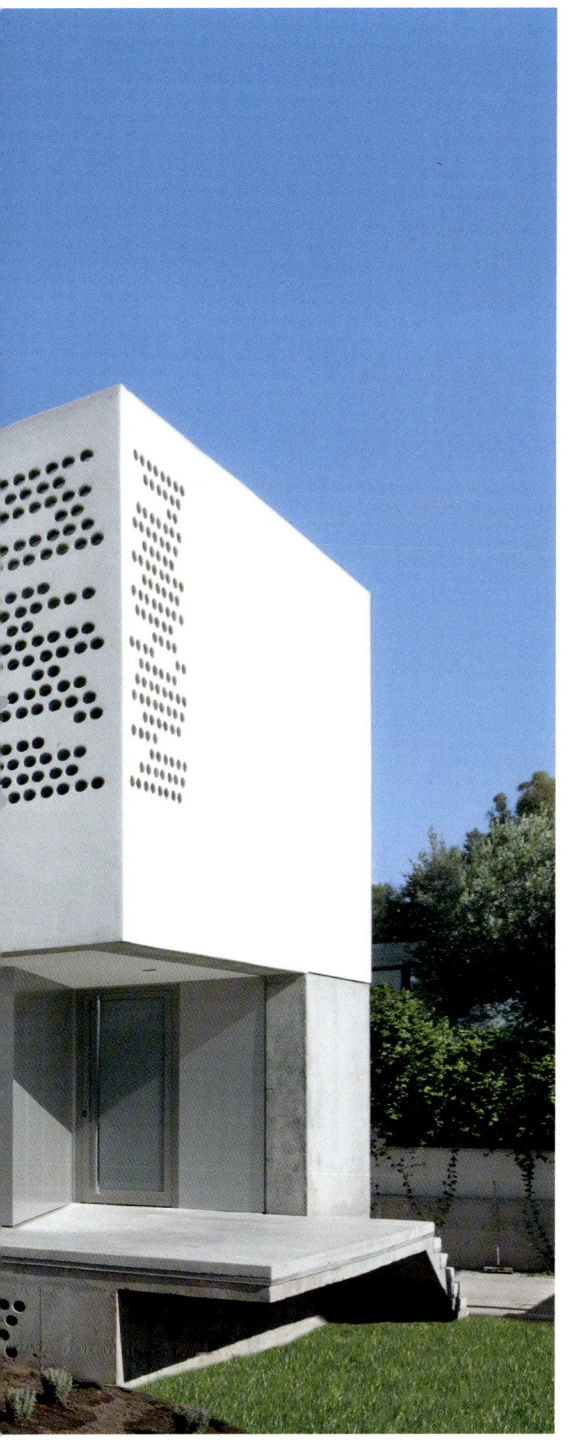

Bblab – Architecture Laboratory

Das J-House im spanischen Rocafort, einem Dorf nordöstlich von Valencia, ist als ausdrucksstarker Baukörper konzipiert, unter dessen auskragendem Obergeschoss sich im Süden eine schattige Terrasse ausbreitet. Die Architekten Ana Bonet Miró und Luca Brunelli aus Madrid planten die Fassaden des Hauses weitgehend geschlossen, um die Hitze abzuhalten. Kreisrunde Öffnungen aus Keramikziegeln strukturieren in unregelmäßigem Rhythmus die äußere Hülle: Durch die Löcher erhalten die Rückzugsräume im Obergeschoss gestreutes Licht und werden vor der direkten Sonneneinstrahlung geschützt.

Das Wohnhaus für ein junges Ehepaar ist in zwei Ebenen geteilt, die sich in ihrem Charakter stark voneinander unterscheiden. Während sich das Erdgeschoss als offene Wohn- und Kommunikationszone mit raumhohen Glasflächen zum Garten öffnet, schottet sich das Obergeschoss mit den Schlafräumen nach außen ab.

Im Zentrum des Hauses liegen im Erdgeschoss Küche, Ess- und Wohnzone. Sie sind durch eine Treppenskulptur aus Stahl optisch voneinander getrennt, trotzdem gehen sie in einem fließenden Raum auf. Mit seiner durchgängig verglasten Südseite öffnet sich der helle, freundliche Wohnbereich zum Garten.

Im ersten Stock verbindet ein mittiger Gang die einzelnen privaten Rückzugsräume. Geschickt platzierte Patios geben dem Flur sowie allen Zimmern Licht und erweitern diese um kleine Außenareale, die geschützt hinter der Fassade liegen und die Sonnenstrahlen filtern. Von der intimen Atmosphäre, die so entsteht, profitieren auch die beiden Schlafzimmer im Süden und Osten, denen jeweils ein Bad zugeordnet ist. Der große Raum im Westen ist mit einem Patio und einem zusätzlichen Lichtschacht ausgestattet. Er wird als Gästezimmer und später vielleicht als Kinderzimmer genutzt.

Dank des komplexen Grundrisses gelang es den Architekten, Gegensätze wie offen und privat, sonnig und schattig zu einer differenzierten Wohnlandschaft zu verbinden.

1 Weiße Putzflächen mit kleinen kreisrunden Öffnungen geben dem Baukörper eine besondere Note. Unter dem auskragenden Obergeschoss im Süden befindet sich eine schattige Terrasse.

1 Das Erdgeschoss bildet das kommunikative Zentrum des Hauses. In einem großzügigen Raum vereinen sich dort Wohnen, Kochen und Essen. Bodentiefe Fenster geben den Blick in den Garten frei.

2 Die Treppe setzt eine optische Zäsur zwischen Küche und Essbereich. Als filigrane Stahlkonstruktion wird sie zu einem abstrakten Kunstwerk, das sich mal als geschlossene Fläche und mal als feingliedriges Stufengebilde zeigt.

3 Im Obergeschoss bündeln sich die privaten Rückzugsräume um einen mittigen Flur. Der große Raum im Westen ist flexibel nutzbar und soll später einmal das Kinderzimmer werden. Ein Patio und ein zusätzlicher Lichtschacht erhellen den Bereich.

1+3 Das Haus ist als klares und abstraktes Volumen konzipiert. Der ungewöhnliche Baukörper präsentiert sich wie ein Bollwerk gegen die südliche Hitze. Während der Sommermonate sorgen geothermische Pumpen für die Kühlung der Innenräume.

2 Patios erweitern die Rückzugsräume im ersten Stock. Die Lochungen der Fassaden filtern das Licht und schützen die Innenräume vor zu viel Hitze.

Luca Brunelli und Ana Bonet Miró, Bblab – Architecture Laboratory

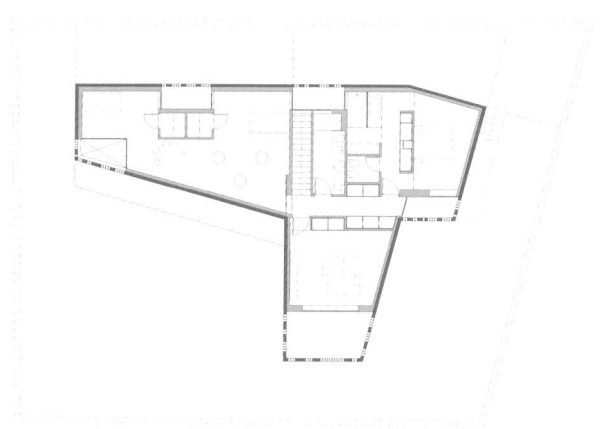

Obergeschoss

>> Wir haben die Bauherren schon zu Beginn des Entwurfsprozesses mit einbezogen und gemeinsam eine Liste an Wünschen für das Projekt definiert. <<

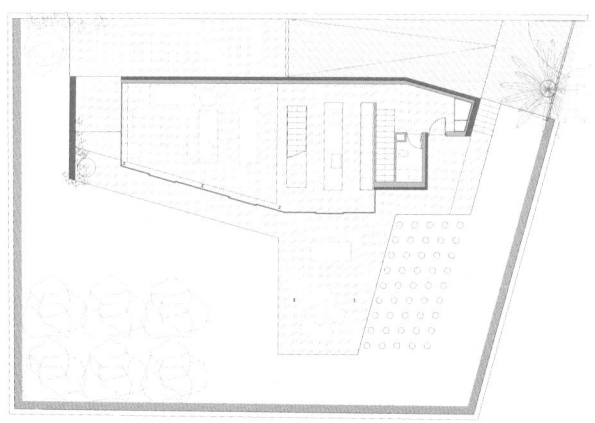

Erdgeschoss

Gebäudedaten

Grundstücksgröße: 513 m²
Wohnfläche: 214 m²
Zusätzliche Nutzfläche: 140 m²
Anzahl der Bewohner: 2
Bauweise: Stahlbeton und Keramikziegel
Baukosten gesamt: 390.000 €
Fertigstellung: 2010

HOMOGENE HÜLLE
Wohnhaus in Oberbayern

Titus Bernhard Architekten

Mit seiner grafisch-strengen Fassade aus feinen Holzlamellen erinnert der markante Bau im Münchner Umland eher an ein abstraktes Kunstwerk als an ein klassisches Einfamilienhaus. Tatsächlich plante der Architekt Titus Bernhard für seine Auftraggeber – ein Paar, das in der Kommunikationsbranche arbeitet – hier ein Domizil, das auch symbolisch ein Zeichen setzen soll: Es ist nicht nur schützende Hülle und bewohnbare Skulptur, sondern zugleich auch ein »Icon« für seine Nutzer.

Sein objekthaftes Aussehen verdankt der Bau vor allem einer homogenen Hülle. Auf die Außenwände aus Stahlbeton und Holz sowie das Dach aus vorfabrizierten Holzelementen wurde eine mehrschichtige schwarze Flüssigabdichtung aufgetragen. Den äußeren Abschluss bildet eine senkrechte Lamellenfassade aus farbig lasierten Douglasien-Leisten, die an den Gratbalken des Dachs zusammenlaufen. Auf Regenrinnen oder Fallrohre wurde verzichtet, stattdessen fungieren Dach und Fassade gewissermaßen als großer »Regenschirm«: Niederschlagswasser oder abgetauter Schnee fließen über die Außenseiten Richtung Boden und dort in ein Drainagesystem.

Der formalen Einfachheit des Baukörpers, der auf einem Quadrat mit einer Kantenlänge von 11 Metern aufbaut, entspricht auch seine klare innere Organisation. Im Erdgeschoss gruppieren sich Wohn-, Koch- und Essbereich als offene Raumfolge um einen kompakten Kern mit Garderobe, Gäste-WC und Speisekammer. Bodentiefe Glasfronten, weiße Decken und Wände sowie Natursteinboden aus Jurakalk lassen das Interieur hell und weit wirken. Lufträume stellen Sichtbeziehungen in die obere Etage mit den Schlaf- und Kinderzimmern her und inszenieren gekonnt den Tageslichteinfall. Interessante Perspektiven bieten sich sogar aus der Badewanne, die über ein Fenster Sichtkontakt zum Treppenhaus hält. Und auch vom Elternschlafraum kann man durch eine vitrinenartig verglaste Ablagefläche direkt in den Wohnraum blicken.

1 *Der Kontrast zwischen der formalen Einfachheit des kompakten Baukörpers und seiner aufwändig detaillierten Holzfassade betont den grafischen Charakter dieses ungewöhnlichen Familiendomizils.*

1+2 Elternzimmer und -bad sind in einem Raum zusammengefasst, der von dem zeltartigen Dach überspannt wird. Eine Wandscheibe teilt den Nassbereich von der Schlafzone ab. Durch die vitrinenartig verglaste Sitzstufe links kann man in den Wohnraum im Erdgeschoss blicken.

3 Der Wohnbereich fließt als offenes Raumkontinuum um einen zentralen Kern. Weiße Decken und Wände sowie heller Natursteinboden aus Jurakalk sorgen für eine lichte und luftige Atmosphäre. Übereck gesetzte Glasfronten weiten den Raum ins Freie.

4 Die breite Fensterbank am Essplatz spart zusätzliche Möbel, Kamin und Holzlege sind flächenbündig in eine Wandnische integriert. Eine Deckenaussparung stellt den Sichtkontakt zum oberen Flur her.

3

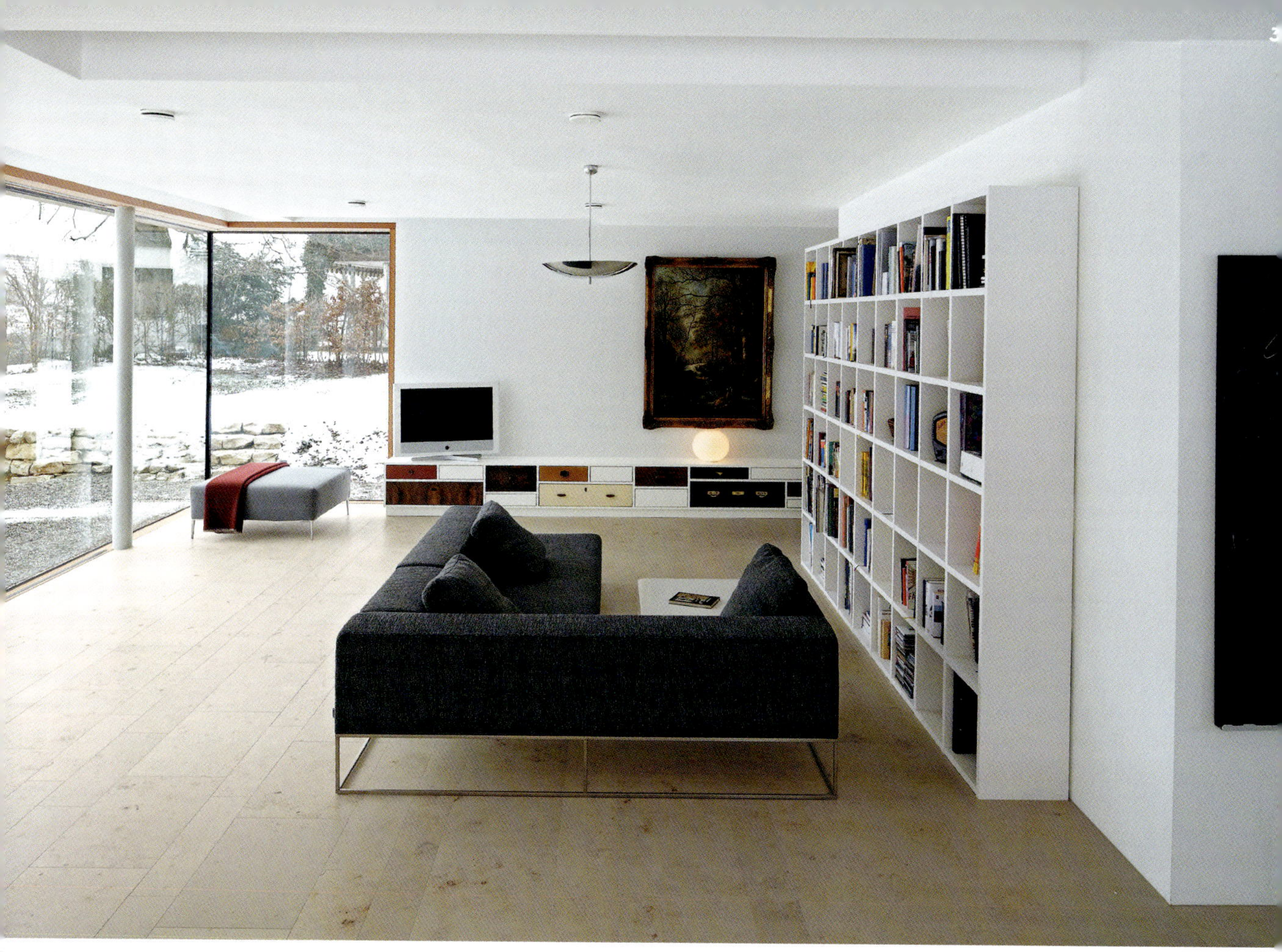

4

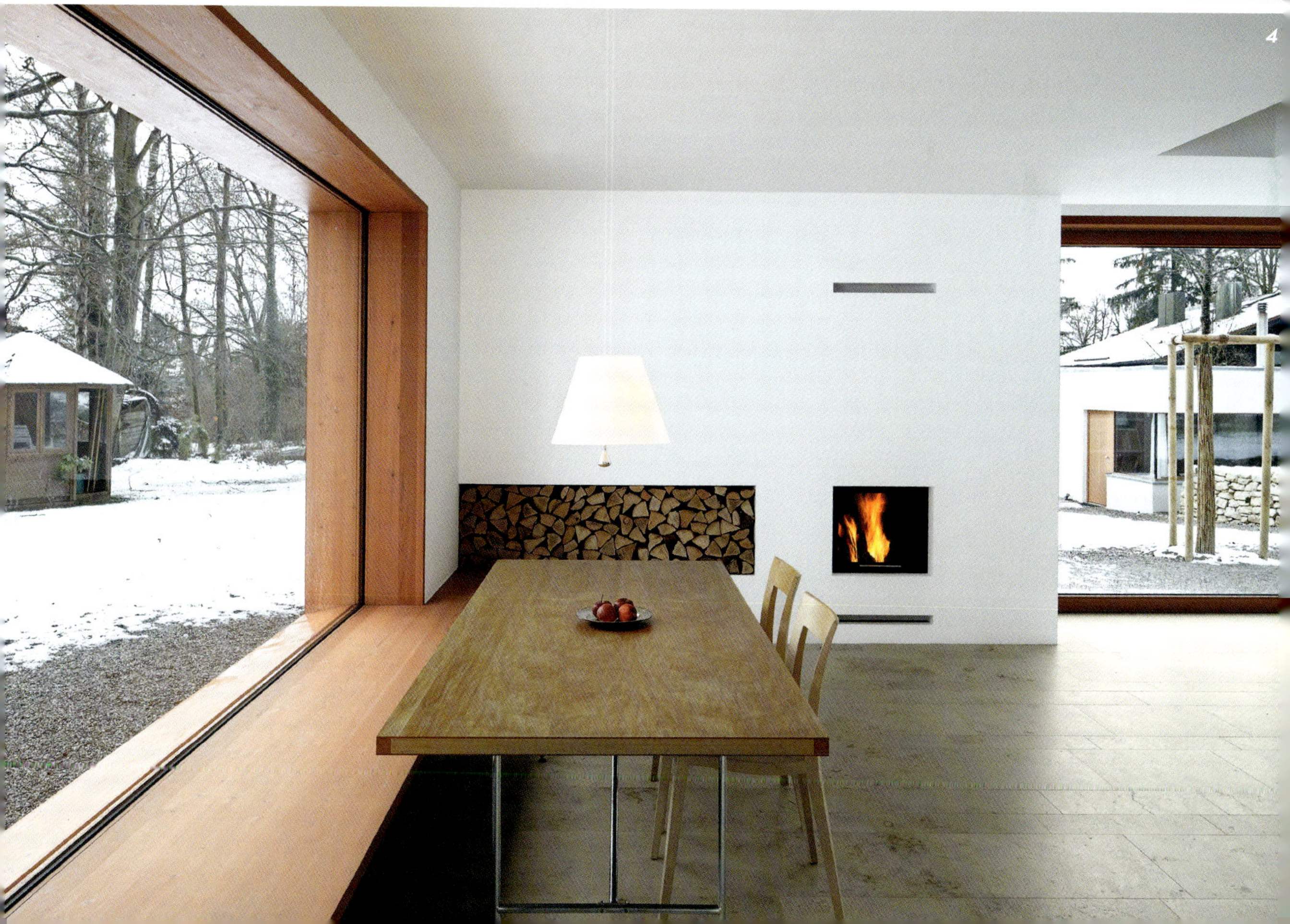

1 Die homogene Hülle aus farbig lasierten Douglasien-Leisten betont den skulpturalen Charakter des Hauses, das ohne Dachüberstände, Regenrinnen oder Fallrohre auskommt.

2 Der Eingangsbereich auf der Nordseite weitet sich in einen zweigeschossigen Luftraum. Hinter der rahmenlosen Glasscheibe links verbirgt sich das Bad, das direkten Sichtkontakt zum Treppenhaus hat.

3 Auch vom Flur im Obergeschoss, der zu den beiden Kinderzimmern führt, bieten sich interessante Perspektiven in die untere Wohnebene.

Titus Bernhard

》 Grundgedanke war es, ein in seiner äußeren Erscheinung kompaktes, in seiner Materialanmutung homogenes Haus zu entwerfen, das einer Familie als bewohnbare Skulptur dient. 《

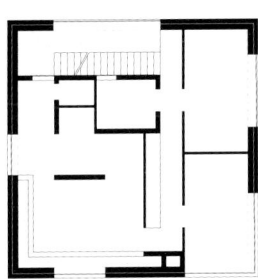

Obergeschoss

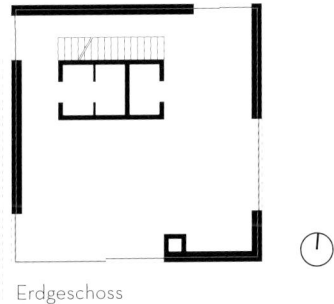

Erdgeschoss

Gebäudedaten

Grundstücksgröße: 1.300 m²
Wohn- und Nutzfläche: 180 m²
Anzahl der Bewohner: 4
Bauweise: Stahlbeton, Holzbau
Fertigstellung: 2011

GRÜNE TERRASSENLANDSCHAFT

Wohnhaus in Caputh, Brandenburg

Thomas Beyer Architekten

Das elegante Wohnhaus auf dem Krähenberg im brandenburgischen Caputh erinnert an die Bauhauszeit. Rechte Winkel und unterschiedlich große, mal quer und mal vertikal liegende Fenster geben dem Gebäude einen sachlichen und zugleich mondänen Charakter. Der Berliner Architekt Thomas Beyer stapelte die einzelnen Etagen als klar definierte, vorspringende Volumen übereinander. Er konzipierte eine Villa, die den Garten in die Wohnqualität einbezieht.

Mit seinem rechteckigen Grundriss folgt das Haus der Längsausrichtung des Grundstücks. Die Raumorganisation trennt den großen Wohnbereich im Erdgeschoss von den privaten Räumen im ersten Stock. Im Untergeschoss öffnet sich ein ruhiger Büro- und Arbeitsraum auf eine Nordterrasse.

Übergänge zwischen den einzelnen Nutzungszonen verbinden die zentralen Wohnflächen im Erdgeschoss zu einem offenen und doch differenzierten Raum. Im Norden und Westen lassen sich durchgängige, übereck gesetzte Fenster mit Schiebeelementen zur umlaufenden Holzterrasse öffnen. Ihre raumhohen Formate holen die Landschaft in den Innenraum und lenken die Blicke auf den Kiefernwald und den Caputher See, der hinter den Bäumen liegt. Der Bezug zur Natur wird zu einer Qualität des Innenraums, dessen Atmosphäre sich mit den Jahres- und Tageszeiten ändert. Durch eine eingestellte Zwischenwand ist der Eingangsbereich optisch von der offenen Küche und der Wohnzone getrennt. An ihrer Vorderseite nimmt die Wand Nischen für die Garderobe auf, die Rückseite hingegen dient als Stellfläche für die Küchenzeile.

Im Obergeschoss erschließt ein offener Studiobereich die privaten Rückzugsräume. Ein Schlafzimmer mit querliegendem Fensterband schließt im Süden das Raumprogramm ab. Das zweite Schlafzimmer öffnet sich nach Nordosten und ist über die gesamte Schmalseite des Hauses verglast. Nach außen sind alle Räume mit einer durchgängigen Terrasse verbunden, deren schlankes Stahlgeländer den Blick in die Natur nicht beeinträchtigt.

1 *Das Haus ist am Scheitelpunkt des Hangrundstücks platziert. Die Erdgeschossfassaden sind zur Gartenseite übereck verglast und öffnen sich zu großzügigen Terrassen mit durchgängigem Bodenbelag aus Bangkirai-Holz.*

1 Die Treppe ins Obergeschoss mündet in ein offenes Studio, das von zwei Seiten Licht erhält.

2 Schiebetüren trennen das Schlafzimmer vom vorgelagerten Ankleidebereich. Vom Bett aus fällt der Blick durch das große Nordfenster den Hang hinunter auf den See.

3 Im Bad sind Fußbodenplatten aus Travertin verlegt. Die raumhohen Fenster lassen sich zur vorgelagerten Terrasse öffnen.

4 Das Erdgeschoss ist als offener Wohnbereich organisiert, in dem sich einzelne Nutzungszonen miteinander verbinden. Der Küchenfußboden besteht aus dem gleichen weißen Polyurethan-Gussbelag, der auf der gesamten Fläche verlegt ist.

5 Der mondäne Wohnbereich verwandelt sich durch seine bodentiefen Fenster zu einem Raum mitten in der Natur. Durch die hohen Bäume im Norden fällt der Blick auf den Caputher See.

4

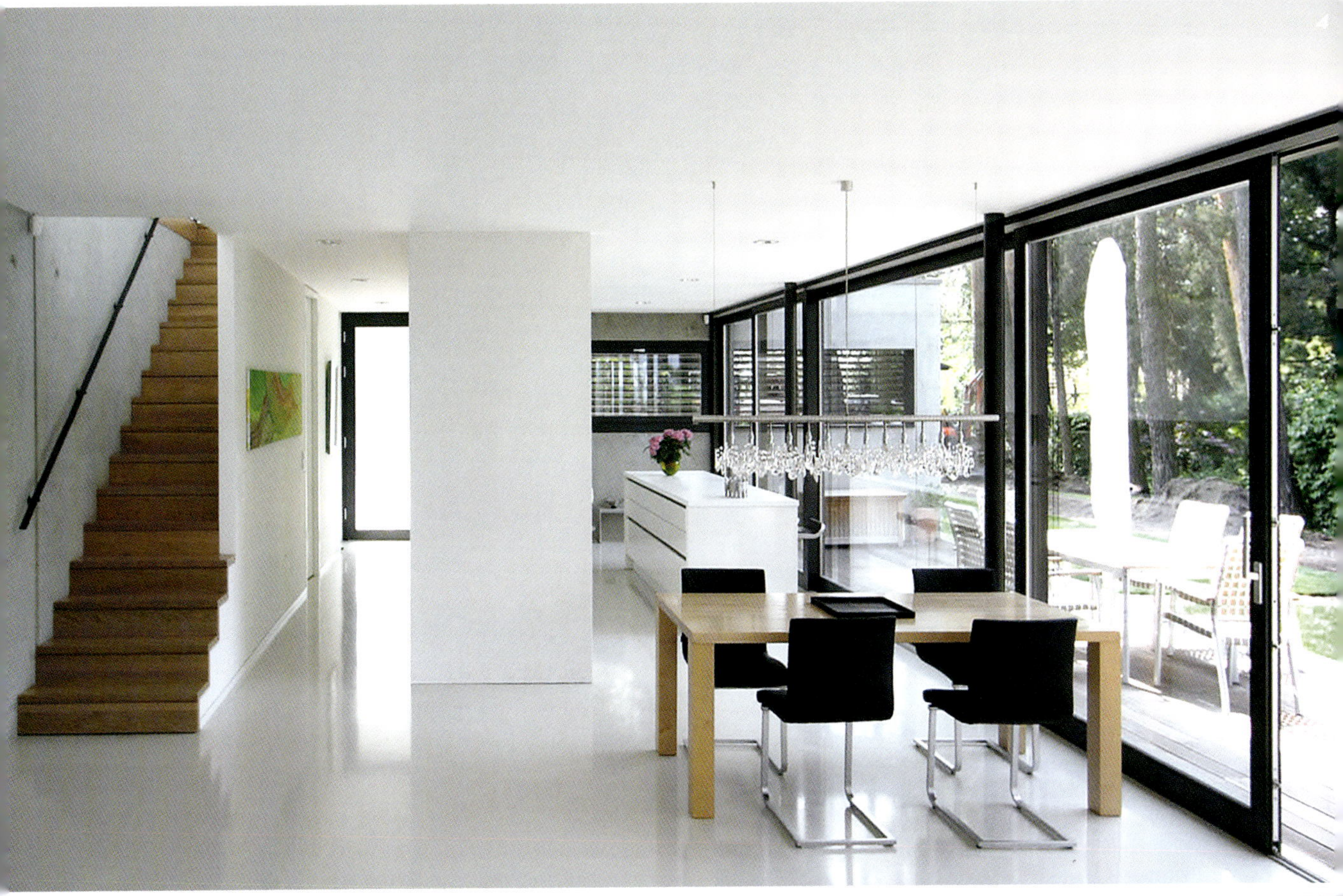

5

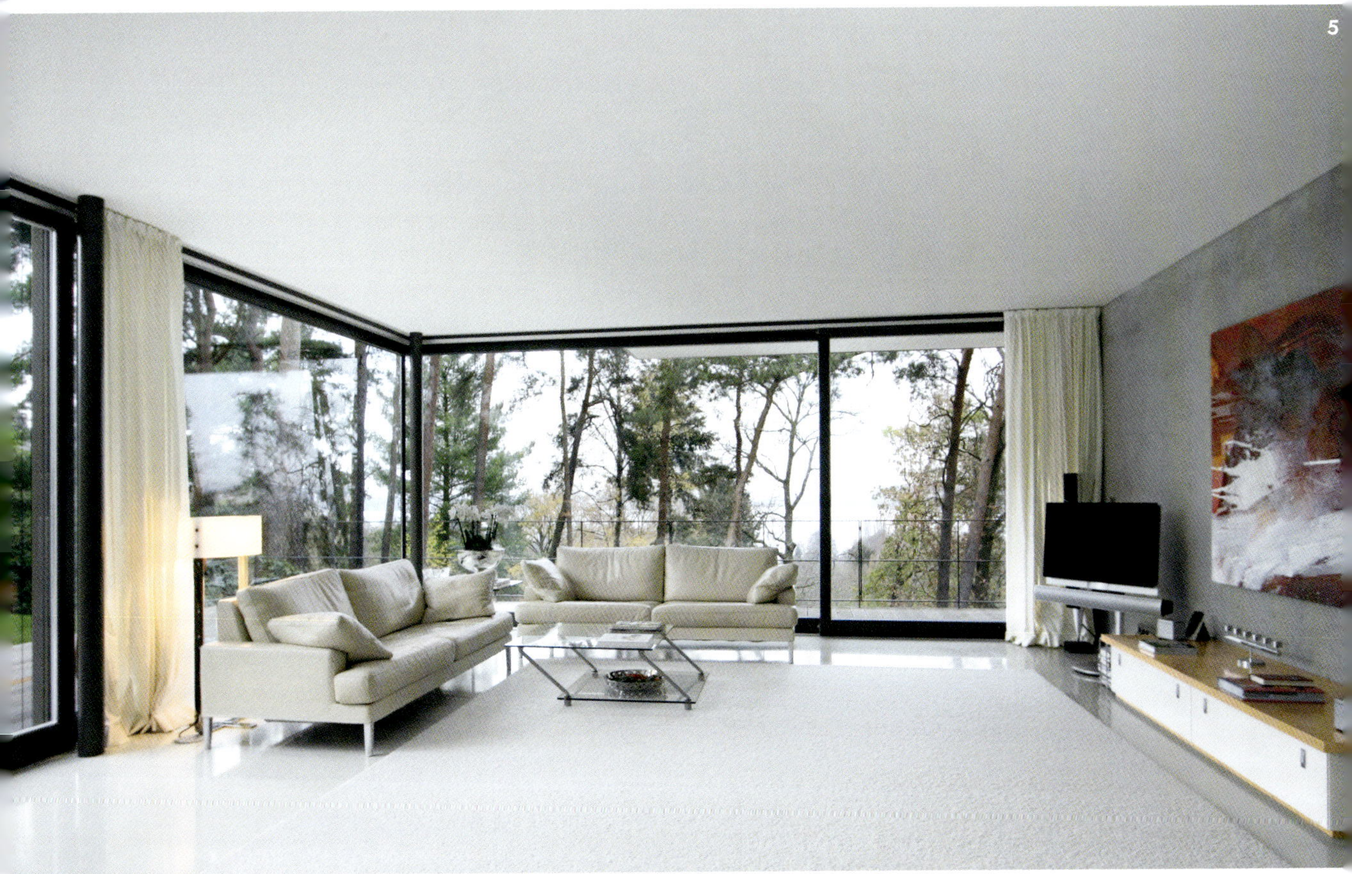

1

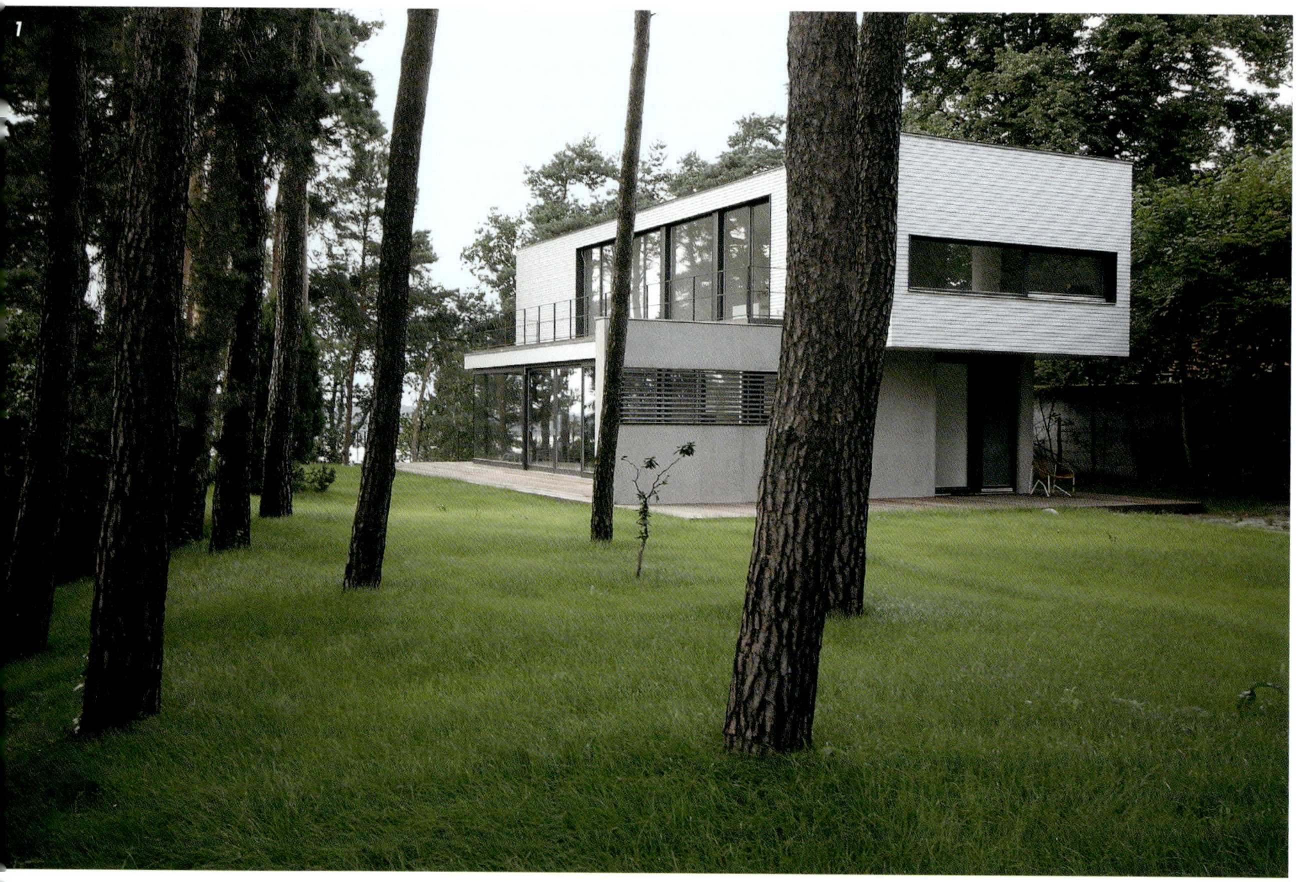

2

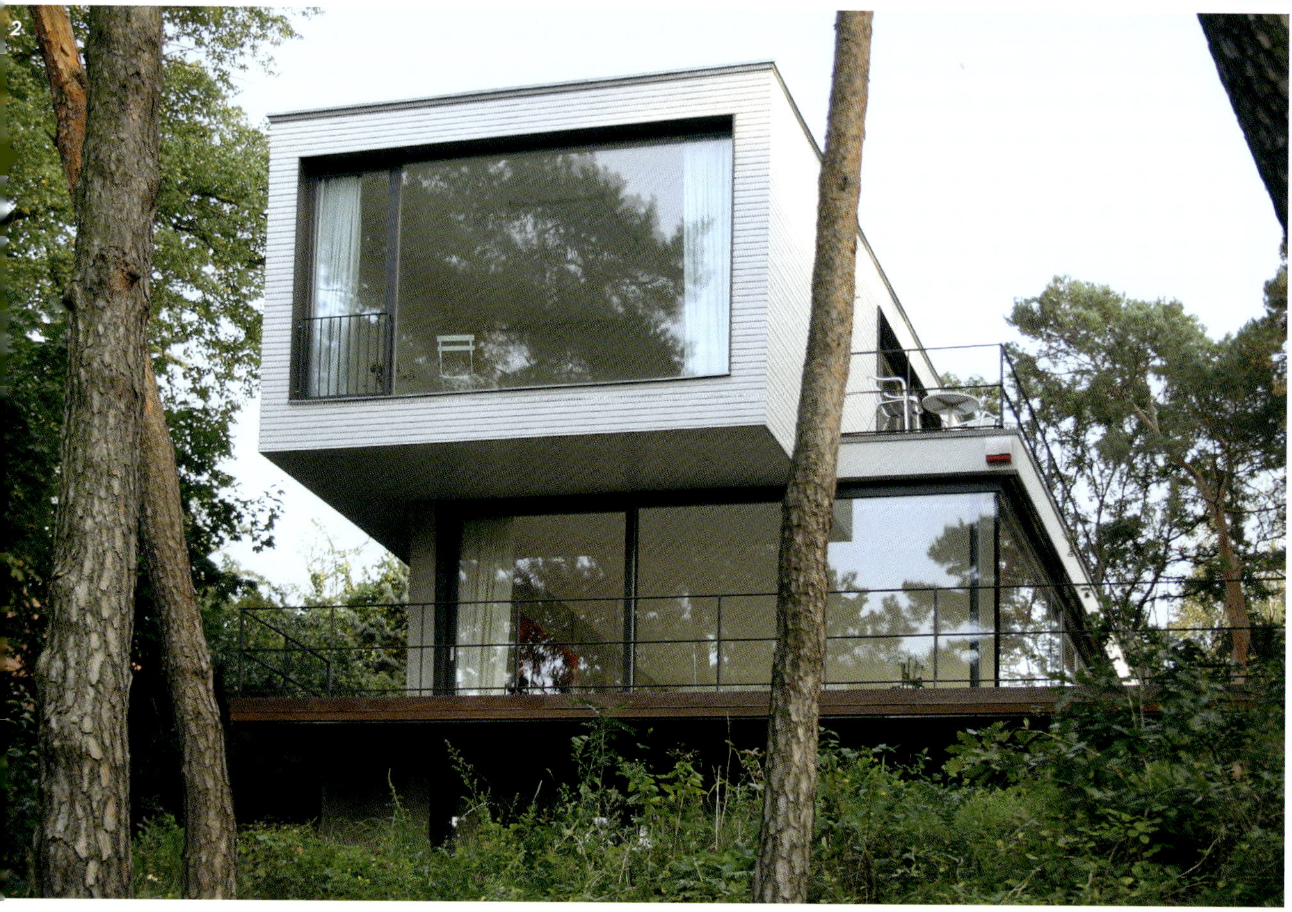

1 Das langgestreckte Wohnhaus duckt sich unter die hohen Bäume. Die einzelnen Stockwerke sind als vor- und zurückspringende Volumen übereinandergestapelt. Zur Straße bleiben die Terrassen weitgehend unsichtbar.

2 Wie die Kommandobrücke eines Schiffs schiebt sich das Obergeschoss mit seinem großen Fenster über das filigranere Erdgeschoss. Auch die einfache Eisenbrüstung der Terrasse erinnert an die Schifffahrt.

Thomas Beyer

》 Die Tageszeiten und der Garten sind nicht nur punktuell erlebbar, sondern werden zu einem Bestandteil des Wohnens insgesamt. 《

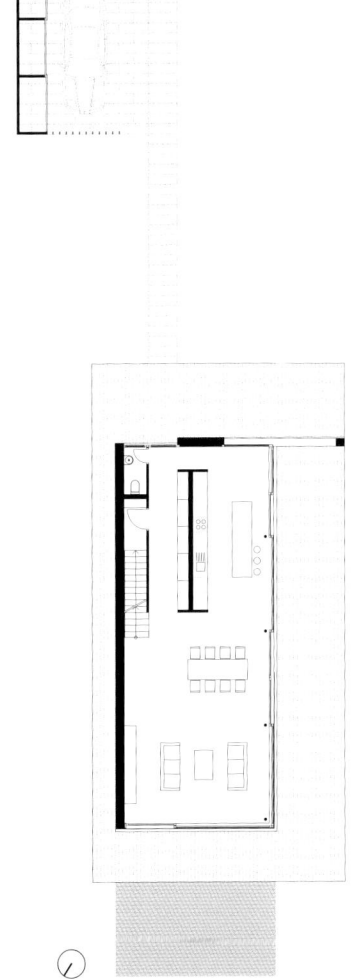

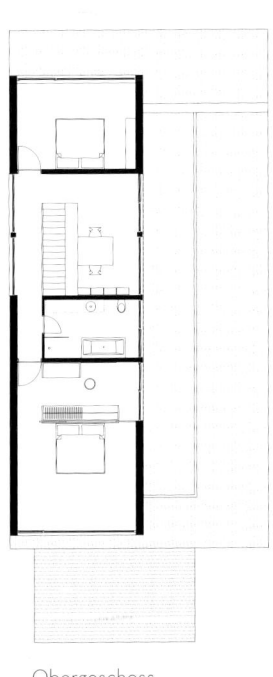

Erdgeschoss

Obergeschoss

Gebäudedaten

Grundstücksgröße: 1.640 m²
Wohnfläche: 243 m²
Zusätzliche Nutzfläche: 8 m²
Anzahl der Bewohner: 2–4
Bauweise: Beton, Deckenkonstruktionen und Dach in Holzbauweise
Baukosten gesamt: 351.000 €
Fertigstellung: 2010

BETON-UFO IM GRÜNEN

Villa am Bodensee (Schweiz)

Biehler Weith Associated

Zwischen den umliegenden historischen Häusern sticht die neue Villa heraus wie ein schnittiges Ufo, das in der grünen Hügellandschaft am schweizerischen Ufer des Bodensees gelandet ist. Der weit auskragende Betonbaukörper stapelt seine Geschosse auf einem quer gelagerten Sockel und streckt sich nach Norden. Das Obergeschoss ist um 90 Grad gedreht und öffnet sich wie ein Guckkasten auf das Panorama.

Das neue Zuhause der dreiköpfigen Bauherrenfamilie zeichnet sich durch seine expressive Formensprache mit dynamischen Linien aus. Zur Gartenseite breiten sich Terrassen und Balkone mit Glasbrüstung aus. Diese teils überdachten Flächen sind durch eine außen liegende skulpturale Wendeltreppe miteinander verbunden.

Die Innenräume haben die Architekten Biehler Weith Associated in eine luftige Komposition mit knapp 300 Quadratmetern Wohnfläche gefasst. Die kerngedämmte Betonkonstruktion mit 60 Zentimeter dicken Wänden ist zum See und zum Garten hin beinahe vollständig verglast. Durchblicke und Ausblicke lassen die Bereiche und Geschosse locker ineinander und weiter in die Landschaft fließen. Der vielschichtige und abwechslungsreiche Raum, der so entsteht, fasst im Erdgeschoss die Gemeinschaftszonen zusammen. Das zentrale Treppenhaus, das durch ein reduziert gestaltetes Holzmöbel von den Aufenthaltsflächen im Erdgeschoss getrennt wird, öffnet einen Luftschacht in den ersten Stock.

Im oberen Geschoss befinden sich das Kinderzimmer und, in der Auskragung, die sich bis zu 8 Meter weit in die Landschaft streckt, der Rückzugsbereich der Eltern mit bester Aussicht auf den See. Auch das Untergeschoss orientiert seine bodentiefen Fensterflächen zur Natur und wird als Arbeitsbereich genutzt. Das golden gestrichene Treppenhaus, das dorthin führt, sticht aus den ansonsten weißen Wänden und den Böden aus Zementestrich hervor. Die Büroräume selbst sind mit Sichtbetonwänden und Glasabtrennungen zum Flur nüchtern und sachlich gehalten.

1 Kantige Formen prägen das eigenwillige Äußere des Hauses. Der ausdrucksstarke Baukörper wird durch eine leichte Wendeltreppe aufgelockert. Als spielerisches Element verbindet sie die Terrassen miteinander.

1

2

3

1 Die exponierte Lage der Villa bietet vielfache Panoramablicke auf den Bodensee. Die Aussichtsachsen entsprechen dem Entwurfsprinzip, Innenräume und Fassaden als Einheit zu behandeln.

2 Das zentrale Holzmöbel im Erdgeschoss dient als Raumteiler und als Regal. Es gliedert die Flächen des Wohnbereichs, ohne sie strikt zu trennen.

3 Der Weg zu den privaten Rückzugsräumen im Obergeschoss wird von Ausblicken ins Grüne begleitet. Die Fensterbänder sind ebenso wie das Treppengeländer mit schnittigen Konturen gestaltet, welche die Dynamik des Raumerlebnisses steigern.

4 Das große Wohnzimmer ist das Herzstück des Hauses. Türen gibt es im gesamten Erdgeschoss nicht, stattdessen gehen die Räume wie ein fließendes Kontinuum ineinander über.

5 Die Ankleide ist mit minimalistischen Holzmöbeln ausgestattet, die zugleich Ablagemöglichkeiten und Stauflächen bieten oder als Sitzgelegenheiten dienen.

1 Wie ein Ufo nach der Landung wirkt die Eingangsseite des Betonhauses. Von seinen Nachbarn setzt sich der futuristische Bau durch seine schnittigen Konturen klar ab.

2+3 Auch im Badezimmer ist die Landschaft dank großzügiger Verglasungen präsent. Im auskragenden Obergeschoss sind Schlafzimmer und Bad als private, funktionale Einheit miteinander verbunden.

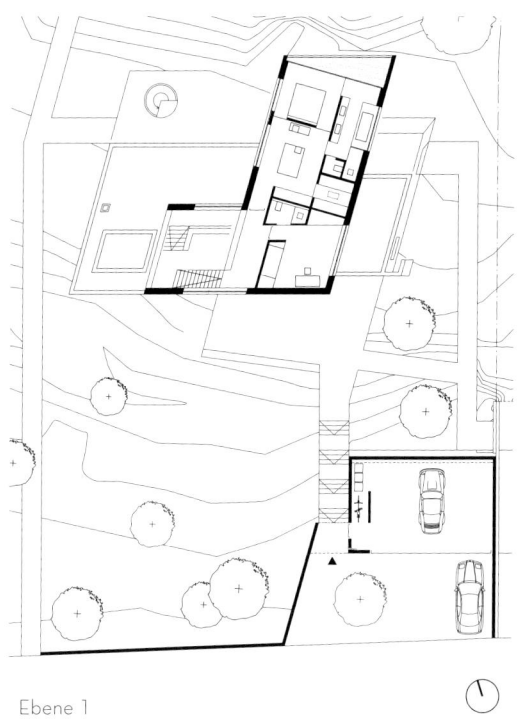

Ebene 1

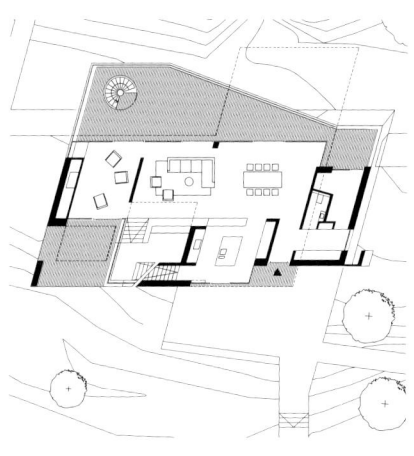

Ebene 0

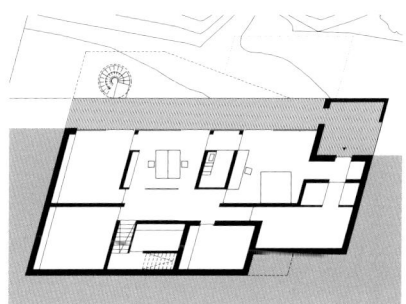

Ebene -1

Christoph Biehler und
Ralf Heinz Weith

》 Das Gebäude entwickelt sich von einem dynamischen gemeinschaftlichen Bereich hin zu den darüberliegenden privaten Räumen. 《

Gebäudedaten

Grundstücksgröße: 1.800 m²
Wohnfläche: 299 m²
Zusätzliche Nutzfläche: 219 m²
Anzahl der Bewohner: 3
Bauweise: massiver Stahlbeton
Fertigstellung: 2011

SCHAUFENSTER ZUR LANDSCHAFT

Umbau eines Bauernhauses bei Girona (Spanien)

Bosch.Capdeferro Arquitectures

Das grüne Vulkangebirge der Garrotxa im Nordosten Kataloniens ist eine ebenso malerische wie faszinierende Naturkulisse. Eingebettet in diese wildromantische Landschaft sind einsame, verfallene Gehöfte, die mit ihren mächtigen Bruchsteinmauern wie kleine Festungen im Gelände stehen. Eines dieser baufälligen Anwesen nahe dem Dorf Santa Pau haben die Architekten Elisabet Capdeferro und Ramon Bosch in ein modernes Wohnhaus verwandelt.

Ihre Auftraggeber hatten beschlossen, aufs Land zu ziehen und den verlassenen Bauernhof ihrer Vorfahren zu renovieren. Im Zuge dieses Umbaus sollte auch das herrliche Panorama mehr ins Blickfeld rücken – zumal sich der Bestand mit seinen schartenartigen Fenstern wie eine Trutzburg vor seiner Umgebung verschloss. Doch statt das alte Steingemäuer radikal zu öffnen oder gar zu überformen, entschieden sich die Architekten für eine behutsame Erweiterung und stellten dem Gehöft einen gläsern-transparenten Anbau zur Seite. Dieser bietet Platz für eine lichtdurchflutete Wohnküche, die sich im Süden ganz auf die schöne Aussicht konzentriert.

In Materialwahl und Formensprache setzten die Planer auf klare Kontraste zwischen Alt und Neu. Den unregelmäßigen Bruchsteinmauern des Haupthauses stehen die scharfkantigen Konturen des Anbaus gegenüber, dessen Stahlkonstruktion mit anthrazitfarbenem Zinkblech ummantelt ist. Auch im Bestand hat sich einiges verändert: Das marode Dach wurde erneuert, die Steinfassade erhielt eine Innendämmung. Wandöffnungen und neue Durchgänge sorgen für einen großzügigeren Raumeindruck. Während sich das Familienleben vorwiegend auf der Eingangsebene abspielt – in der auch die Kinderzimmer liegen –, haben die Eltern ihre Rückzugzone unter dem Dach. Das Souterrain dient als Spiel- und Gästebereich.

Wenige, robuste Materialien bestimmen das Interieur: Weiße Decken und Wände, schlichte Schreinereinbauten aus warmtonigem Eichenholz sowie polierter Betonboden sorgen für ein zeitlos-modernes Wohnambiente.

1 *Der verlassene katalanische Bauernhof hat sich nach seinem Umbau in ein wohnliches Landhaus verwandelt. Auf der Südseite erweitert ein Pavillon das hermetisch verschlossene Steingemäuer und gibt den Blick auf die Vulkanlandschaft frei.*

1 Der Anbau ist kommunikativer Mittelpunkt des Familienlebens. Essküche und Wohnbereich gehen offen ineinander über, zwei Stufen gleichen den Niveauunterschied zum Haupthaus aus. Glasschiebetüren schaffen fließende Übergänge zwischen innen und außen.

2 Im Altbau fanden einschneidende Veränderungen statt: Der kleinteilige Grundriss wurde gelichtet und neu organisiert, in der Eingangsebene entstand ein großzügiger Wohnbereich mit offenem Kamin. Die Treppe führt zur Elternebene im Dachgeschoss.

3 In der ebenso funktional wie flächensparend organisierten Küche befindet sich alles in Griffnähe. Auch hier bieten sich schöne Perspektiven in die umgebende Natur: Eine durchlaufende Glasfront über der Arbeitsplatte weitet den schmalen Raum optisch ins Freie.

1

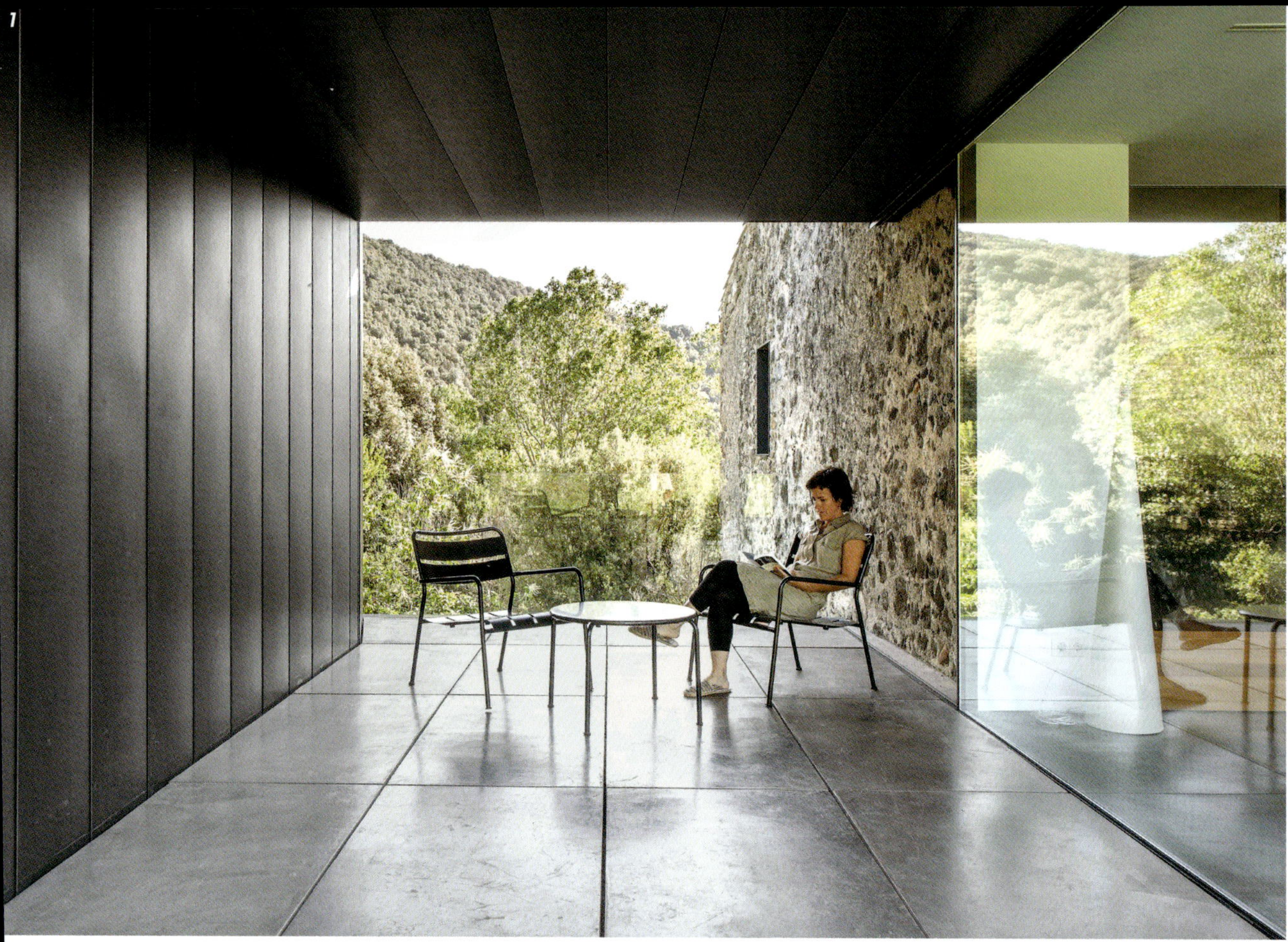

2

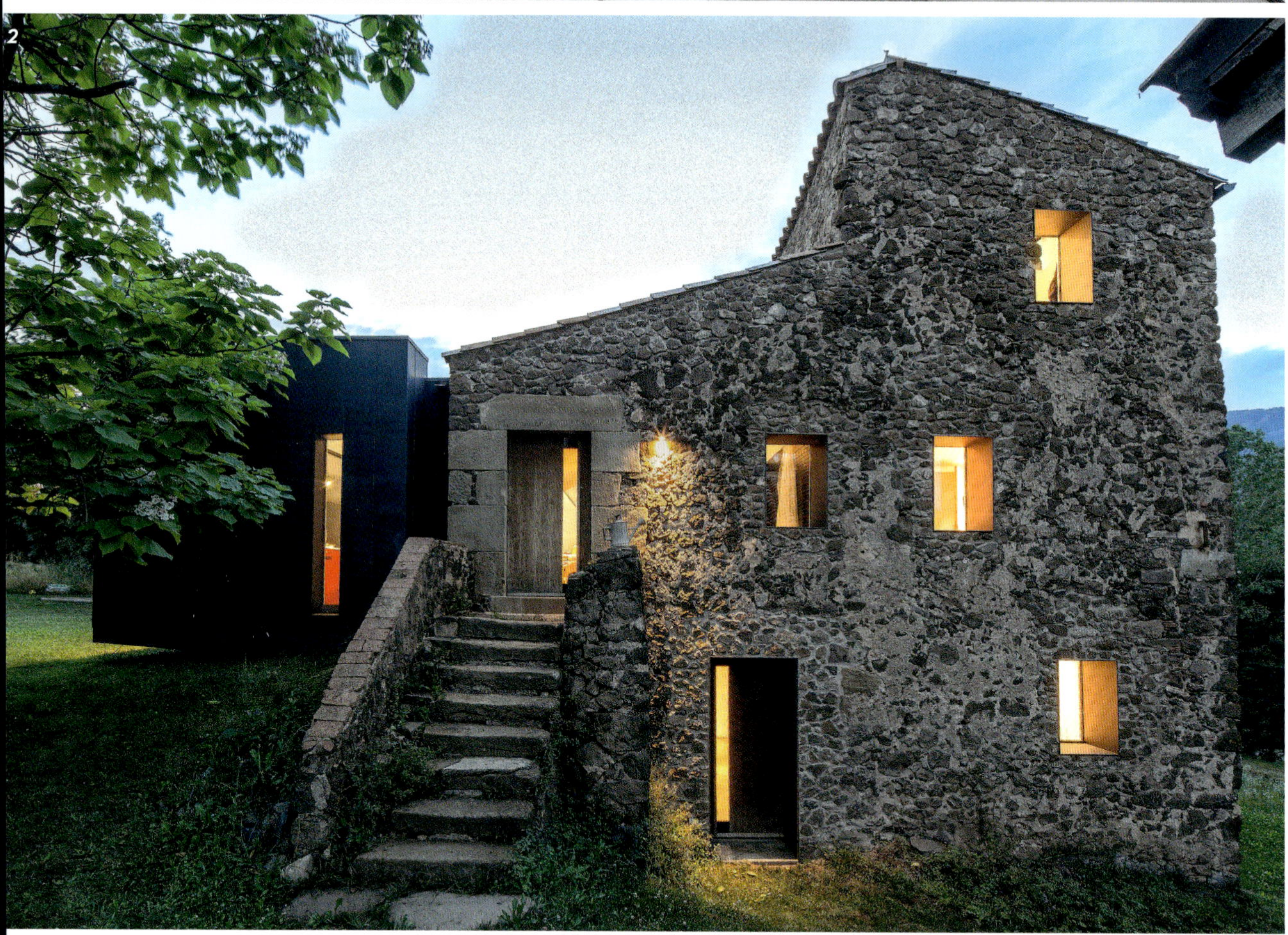

1 Auf der Westseite ist ein überdachter Freisitz in die Gebäudehülle integriert, der sich als wind- und wettergeschützter Aussichtsposten bestens bewährt. Großformatige Betonfliesen dienen als robuster Bodenbelag.

2 Mit klaren Konturen und anthrazitfarbener Zinkverkleidung hebt sich der Anbau vom alten Steingemäuer ab, ohne dominant zu wirken. Die Fensterlaibungen des Bestands wurden mit Stahlblechen ummantelt.

Ramon Bosch und Elisabet Capdeferro

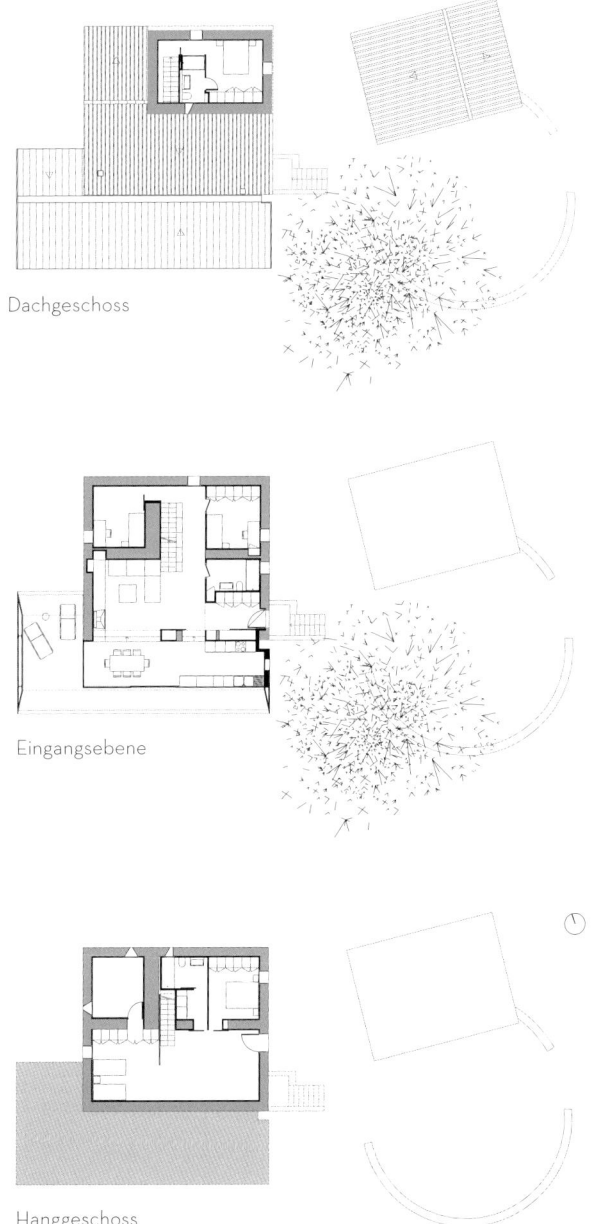

Dachgeschoss

Eingangsebene

Hanggeschoss

» Der Anbau ergänzt das bestehende, hermetisch verschlossene Haus um neue Raumqualitäten: Er holt das Licht und die Landschaft herein. «

Gebäudedaten

Grundstücksgröße: 36.134 m²
Wohnfläche vorher/nachher: 238 m²/310 m²
Zusätzliche Nutzfläche: 40 m²
Anzahl der Bewohner: 4
Bauweise: lokaler Bruchstein (Bestand), Stahlkonstruktion, Verkleidung mit Zinkpaneelen (Anbau)
Baukosten gesamt: 360.000 €
Baujahr Bestand: 1769
Fertigstellung Umbau: 2011

POLYGONALES RAUMWUNDER

Haus K2 in Stuttgart

Bottega + Ehrhardt Architekten

Trotz des verwinkelten Grundstücks in einer grünen Wohngegend des Stuttgarter Killesbergs gelang es Bottega + Erhardt Architekten, im Haus K2 großzügige und abwechslungsreiche Wohnräume zu schaffen. Sie gaben dem dreigeschossigen Baukörper mit einer Grundfläche von 79 Quadratmetern einen polygonalen Grundriss. Den Knick der Baugrenze auf der Gartenseite nutzten die Architekten für ein zurückgesetztes Obergeschoss und eine kleine Dachterrasse. Zur südlichen Straßenseite springt das Gebäudevolumen am Eingangsbereich zurück.

Der kompakte Holzbau ist außen mit dunkelgrauen Faserzementplatten verkleidet und staffelt die Gemeinschaftsbereiche und Rückzugsmöglichkeiten der Bauherrenfamilie auf den einzelnen Etagen. Der Eingang weitet sich nahtlos in einen wenige Stufen tiefer gelegenen Wohnbereich. Raumhohe Glasschiebeelemente öffnen den durchgängigen Erdgeschossraum mit Küche, Essbereich und Wohnzimmer zur seitlichen Terrasse und zum Garten. In den Wintermonaten versammeln sich die Bewohner um den Kamin, im Sommer wird der Garten Teil des Wohnzimmers und die Terrasse zum Essbereich im Grünen.

Die Kinderzimmer im ersten Stock reihen sich an einen hellen Flur mit Aufenthaltsqualität. Das Dachgeschoss ist den Eltern vorbehalten. Neben ihrem Schlafzimmer und einem Bad, das sein großes Fenster zur Treppe öffnet, befindet sich hier auch ein zweiter Wohnraum mit einer Bibliothek und Zugang zur Dachterrasse. Für den Bauherrn ist dieses ruhige Refugium das schönste Zimmer des Hauses.

Das Haus ist als Holzkonstruktion mit großformatigen Kreuzlagenmassivelementen gebaut. Im Bereich der Fensterflächen sind runde Stahlstützen eingesetzt, die den Blick nach draußen nicht beeinträchtigen. Weiße Wände und Einbaumöbel ergänzen die sichtbar belassenen, weiß lasierten Elemente der massiven Holzdecke und das geseifte Eichenparkett. Dieses fließt durchgängig vom Eingang bis ins Dachgeschoss und verbreitet einen lebendigen Charme, der sich durch den Bezug zur Natur auszeichnet.

1 Die ungewöhnliche Form des Hauses ist aus den Grundstücksgrenzen und den baurechtlich erforderlichen Mindestabständen abgeleitet. Der kompakte, aber dennoch großzügige Grundriss bietet vielseitige Räume und Ausblicke.

1 Der großzügige und vielseitige Wohnraum im Erdgeschoss lässt sich durch Schiebeelemente zum Garten und auf die Terrasse erweitern. Er bildet das kommunikative Herzstück des Hauses.

2 Als Teil des Wohnraums wird die Küche zum Aufenthaltsort für die ganze Familie. Ein schmales Fensterband lenkt den Blick von der Arbeitsfläche ins Freie.

3 Zentrales Element ist die Holztreppe. Sie verbindet auch die Eingangszone mit dem tiefer gelegenen Wohnbereich. Wie auf allen Böden, ist auch auf der Treppe geseiftes Eichenparkett verlegt.

4 Der Lieblingsplatz der Eltern ist ein kleiner zweiter Wohnraum samt Bibliothek. Der ruhige Rückzugsort liegt im Dachgeschoss und lässt sich auf eine kleine Terrasse öffnen.

1 Von außen ist dem dreigeschossigen Haus nicht anzusehen, dass es aus Holz gebaut ist. Horizontale Streifen aus dunkelgrauen Faserzementplatten umhüllen den polygonalen Baukörper. Auch die anthrazitfarbenen Fensterrahmen ordnen sich diesem Muster unter.

2 Die Auskragung der beiden oberen Geschosse in Richtung Straßenseite wurde baurechtlich als Erker gewertet. Das große Fenster streut viel Tageslicht in die Innenräume.

Henning Ehrhardt und Giorgio Bottega

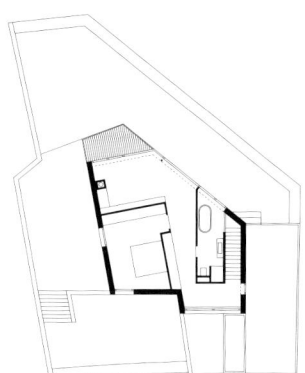

Dachgeschoss

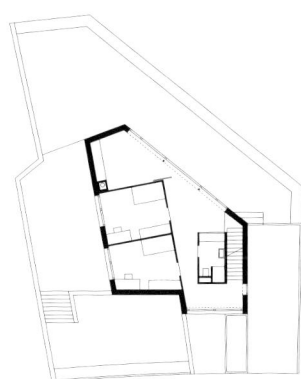

Obergeschoss

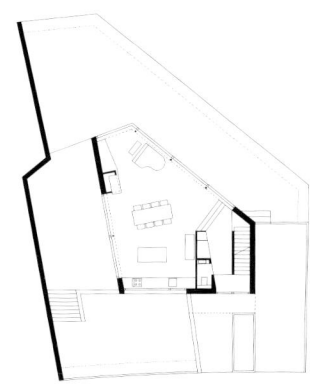

Erdgeschoss

》 Entlang eines räumlich abwechslungsreichen Wegs reihen sich unterschiedlichste gemeinschaftliche und private Wohnbereiche für die fünfköpfige Familie. 《

Gebäudedaten

Grundstücksgröße: 317 m²
Wohnfläche: 198 m²
Zusätzliche Nutzfläche: 64 m²
Anzahl der Bewohner: 5
Bauweise: massiver Holzbau
Baukosten gesamt: 550.000 €
Fertigstellung: 2011

MODERNE KLASSE
SOL House in Stuttgart

Alexander Brenner Architekten

Die eleganten, kubisch-klaren Villen des Stuttgarter Architekten Alexander Brenner verraten viel über seine Sympathie für die frühe klassische Moderne. Auch das SOL House auf einem großzügigen Hanggrundstück reiht sich konsequent in dieses Œuvre ein: Das Zusammenspiel filigraner, weit auskragender Vordächer, sich überlagernder weißer Wandscheiben sowie durchlaufender Glasfronten verleiht den Ansichtsseiten mehr Plastizität und erinnert an konstruktivistische Tableaus. In dieses sorgsam durchkomponierte Fassadenbild ist sogar die Garage so geschickt integriert, dass nichts den harmonischen Gesamteindruck stört: Die Stellplätze verbergen sich in einem lang gestreckten Baukörper, der den Garten gegen die Straße abschirmt und mit einer kunstvoll gestalteten Metallfassade selbst zum Blickfang wird.

Während sich das Haus zur Zufahrtseite hin weitgehend verschlossen gibt, öffnet es sich hangabwärts mit allen Wohnräumen zum Wald im Süden. In der Eingangsebene bilden Küche, Ess- und Wohnbereich ein fließendes Raumkontinuum, das sich über eine große Poolterrasse ebenerdig ins Freie erweitert. Die obere Etage ist den Eltern und Gästen vorbehalten. Die Kinder haben im Gartengeschoss ihr eigenes Reich, an das sich eine Sauna mit Ruhezone und weitere Nebenräume anschließen.

Zum stimmigen Wohnambiente trägt vor allem der handwerklich perfekte Innenausbau bei. Maßgefertigte Möbel und Schrankwände gliedern die offenen Räume und setzen gestalterische Akzente – alles ist bis ins kleinste Detail präzise durchgeplant und belegt den umfassenden Gestaltungsanspruch des Büros.

Gut durchdacht ist auch das Energiekonzept, das mit Geothermie und Photovoltaik auf regenerative Quellen setzt. Die weiten Dachauskragungen und durchgängigen Loggien sorgen für sommerlichen Wärmeschutz, ermöglichen aber dennoch passive solare Gewinne im Winter. Und dank der bis zu 60,5 Zentimeter starken Porenbeton-Außenwände konnte auf ein Wärmedämmverbundsystem verzichtet werden.

1 Mit weißen Putzfassaden, sich überlagernden Wandscheiben und weit auskragenden Dächern zitiert die Villa Motive der Klassischen Moderne. Die Garagenwand schirmt den Pool gegen die Straße ab.

1 Die offene Küche geht in den weitläufigen Wohnbereich im Erdgeschoss über. Maßgefertigte Einbauten tragen zum stimmigen Gesamteindruck bei, der Dunstabzug ist in die Lamellendecke über der Arbeitsfläche integriert.

2 An das geräumige Entree auf der Nordseite schließt sich das Treppenhaus an. Die Garderobe verschwindet dezent hinter einer meterlangen dekorativen Schrankwand.

3 Das quadratische Fenster auf der Ostseite rahmt die Aussicht in den Garten wie ein Landschaftsbild. Über den zweigeschossigen Luftraum dringt zusätzliches Tageslicht von oben herein.

4 Der Essplatz orientiert sich mit bodentiefen, übereck laufenden Schiebeglasfronten auf die Terrasse mit integriertem Swimmingpool. Der Bodenbelag aus geflammtem Basalt bindet die fließenden Raumzonen auch optisch zusammen.

5 Deckenhohe Schrankeinbauten setzen gestalterische Akzente und verbinden das Schöne mit dem Nützlichen: Sie gliedern den loungeartigen Wohnbereich und bieten zudem viel Stauraum.

1 Die Kinderzimmer und der Wellnessbereich im Untergeschoss sind mit ebenerdigen Ausgängen an den Garten angebunden. Durchlaufende Balkone und Dachvorsprünge dienen zugleich als Sonnenschutz.

2 Zur Straße hin zeigt sich das Haus weitgehend verschlossen. Die Garage verbirgt sich hinter einer bronzefarbenen Metallfassade mit eingefrästem Leopardenmuster.

Alexander Brenner

》 Nachhaltigkeit ist für mich auch eine Sache der Gestalt, der Qualität und deren Beständigkeit. 《

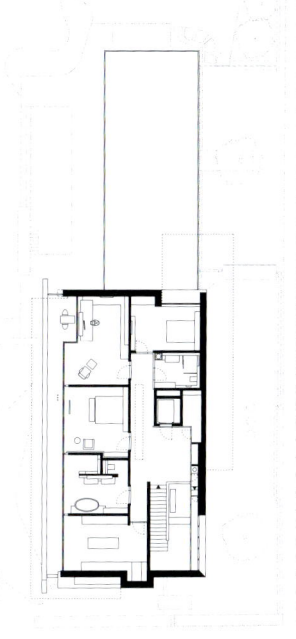

Obergeschoss

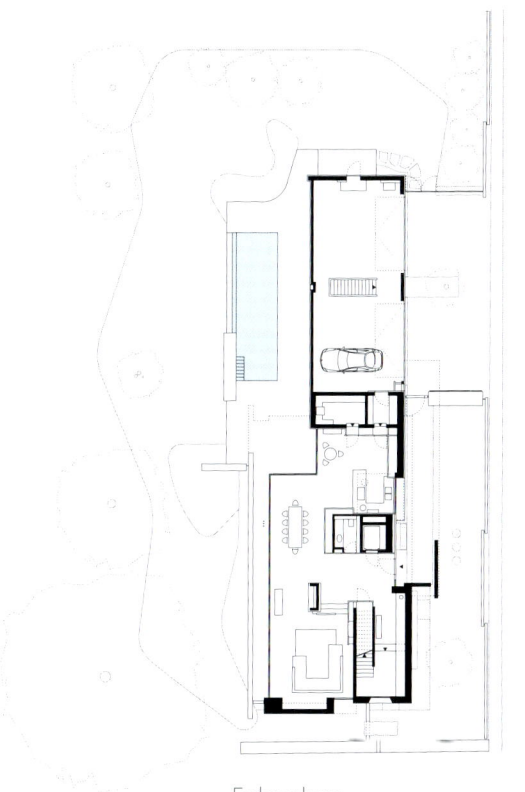

Erdgeschoss

Gebäudedaten

Grundstücksgröße: 1.750 m²
Wohnfläche: 433 m²
Zusätzliche Nutzfläche: 284 m²
Anzahl der Bewohner: 4
Bauweise: Massivbau aus Beton/Porenbetonmauerwerk
Fertigstellung: 2013

TRADITIONSREICHES FAMILIENLOFT

Sanierung eines Fachhallenhauses in Hamburg

BUB Architekten

Zwischen den modernen Stadtvillen in Hamburg-Othmarschen wirkt das historische Fachhallenhaus mit seinem ausladenden Satteldach wie ein Relikt vergangener Zeiten. Als die Architektin Alexandra Bub das Bauernhaus aus dem Jahr 1875 erwarb, war seine Struktur bereits in Teilen wiederaufgebaut. Ein Brand hatte die alte Bausubstanz in den 1970er-Jahren bis auf die massiven Außenmauern zerstört. Die erneute Kernsanierung sollte konstruktive Fehler des früheren Wiederaufbaus beheben und Räume zum Arbeiten und Wohnen für die vierköpfige Architektenfamilie schaffen.

Im ehemaligen Stall und in der Scheune des Hauses befindet sich heute ein loftartiger Wohnbereich, der im Alltag als Gemeinschaftsbereich genutzt wird. »Die große Diele lädt an Wochenenden dazu ein, mit Freunden gemeinsam zu kochen und an der großen Tafel zu essen«, so die Bauherrin und Architektin. Das ehemalige Scheunentor ließ sie verglasen, sodass der Blick vom Wohn-, Ess- und Küchenbereich durch das große Sprossenfenster in den Garten fällt. Mächtige Holzbalken durchziehen den Raum. Der Durchbruch in der Dielendecke öffnet sich zu einer Galerie, die das Erdgeschoss zusätzlich von oben belichtet und den dreigeschossigen Dachraum offen erschließt.

Ganz oben, unter dem spitzen Giebel des Hauses, schlafen die Eltern mit Blick über die Eichenkronen in den Himmel. Während die Kinderzimmer im ersten Stock und damit nahe an den Gemeinschaftszonen und der Spielgalerie platziert sind, liegt das Architekturbüro von Alexandra Bub im zweiten Stock. »Die Arbeit hier ist von Licht und Ruhe geprägt«, so die Architektin. Sie hat die Flächen von insgesamt 250 Quadratmetern so strukturiert, dass Wohnen und Arbeiten ohne räumliche Einschränkungen unter einem Dach möglich sind.

1 Großzügige Wohnküche: Unter den mächtigen Holzbalken der Tragkonstruktion wirkt der zentrale Wohnraum zeitgenössisch modern und zugleich traditionsbewusst. Eine schlichte Stahltreppe führt in die oberen Stockwerke.

1

2

3

1 Unterschiedliche Deckenhöhen gliedern den zentralen Wohnbereich in abwechslungsreiche Zonen. Kochen mit Freunden, entspannen vor dem Kamin, spielen mit den Kindern: Für jede Gelegenheit gibt es hier den passenden Platz.

2 Die Giebelseite des historischen Fachhallenhauses präsentiert sich nach dem Umbau als stolzes Prachtstück. Um das Sichtmauerwerk zu erhalten, wurden die Wände von innen gedämmt.

3 Im zweiten Stock hat die Bauherrin ihr Architekturbüro eingerichtet – in einem hellen und ruhigen Raum, dessen Wände und Holzdecke wie im gesamten Haus weiß gehalten sind.

Alexandra Bub

» Ein offenes Haus, das Leben mit Kindern und Arbeiten unter einem Dach ermöglicht, war Ziel der Grundrissgestaltung. «

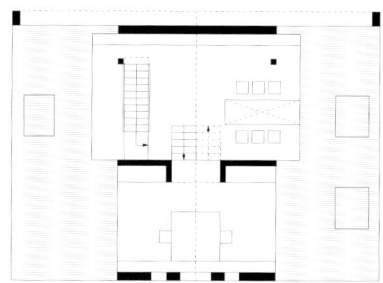

2. Obergeschoss

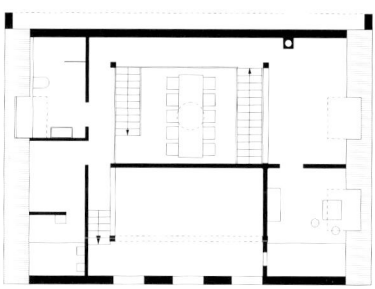

1. Obergeschoss

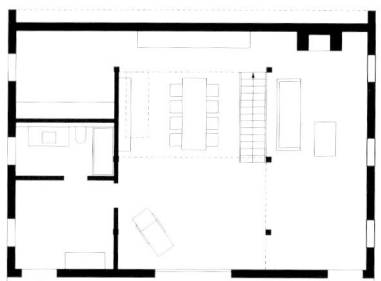

Erdgeschoss

Gebäudedaten

Grundstücksgröße: 2.000 m²
Wohnfläche: 250 m²
Zusätzliche Nutzfläche: 10 m²
Anzahl der Bewohner: 4
Bauweise: außen massive Ziegelwände, innen Holzkonstruktion
Fertigstellung: 2011

SCHWUNG FÜR DEN ALLTAG

Familiendomizil in Wien (Österreich)

Caramel Architekten

Mehr Platz für den Alltag mit Kindern und einen Wohnbereich, der sich im Sommer in den Garten ausdehnt: All das wollte die junge Bauherrenfamilie, als sie von einer beengten Innenstadtwohnung an den Stadtrand von Wien zog.

Mit der Hilfe von Caramel Architekten entstand im Südwesten des Stadtzentrums ein neues Einfamilienhaus, das insgesamt 300 Quadratmeter Wohnfläche auf drei Ebenen verteilt. Im Südwesten öffneten die Architekten das Niedrigenergiehaus zum Garten. Dabei verbindet die geschwungene Fassade Innen- und Außenbereiche zu einer fließenden Fläche, die Offenheit garantiert und zugleich die Privatsphäre des Familienlebens wahrt. Während die auskragenden Obergeschossfassaden mit semitransparenten Polykarbonatplatten verkleidet sind und das Licht gefiltert in die Schlafzimmer streuen, öffnet sich das Erdgeschoss über die gesamte Gartenseite mit Glasschiebeelementen ins Grüne. Ein Außenvorhang greift die sanfte Kurvenlinie der Fassade auf, schützt die Wohnräume vor direkter Sonne und verwandelt sie bei Bedarf in intime Rückzugszonen. Seitlich platzierten die Architekten einen eingeschossigen Erweiterungsbau mit Flachdach, der den Schwung des Haupthauses zu Ende führt. In ihm befindet sich der Wellnessbereich mit Sauna und Whirlpool.

Der Familienalltag findet hauptsächlich im Erdgeschoss des Haupthauses und im Sommer auch im Garten statt. Gekocht wird mit Blick ins Grüne. Küche, Essbereich und Wohnzimmer gehen ineinander über und sind durch eine schwebende Zwischenwand mit Kamin voneinander abgesetzt. Weiße Möbeleinbauten nehmen die Kurvenlinien der abgerundeten Pool- und Terrassenformen auf. Futuristischen Flair verbreitet auch die Sitzgrube im Wohnbereich mit grasgrünem Teppich.

Die Eltern- und Kinderschlafzimmer im ersten Stock sind entlang eines Flurs aufgereiht. Ganz oben, unter dem Dach, befindet sich ein ruhiges Büro mit Terrasse und Dachgarten – ein Rückzugsort unter freiem Himmel.

1 *Das Erdgeschoss ist komplett verglast und geht nahtlos in den Garten über. Abgerundete Ecken geben dem Haus ein markantes, unkonventionelles Gesicht.*

1

2

1 Der grüne Teppich im tiefergelegenen Wohnbereich stellt einen optischen Bezug zur Rasenfläche des Gartens her. Die Kinder nutzen den Bereich gerne auch zum Spielen und Toben.

2 Das Erdgeschoss ist als offene Wohnzone in einem durchgängigen Raum konzipiert und wird durch ein schwebendes Regal in zwei Bereiche geteilt. Die Fensterfront lenkt den Blick ins Grüne und holt den Garten nach innen.

3+4 Ganz oben, unter dem Dach, befindet sich der Arbeitsbereich der Eltern. Durch die Terrasse und den kleinen Dachgarten verwandelt sich die Etage je nach Tageszeit auch zu einem ruhigen Entspannungsort.

1 Ein außenliegender Vorhang schützt das Erdgeschoss. Die Fassade im ersten Stock ist mit Polykarbonatplatten verkleidet.

2 Auch der gesonderte, private Wellnessbereich öffnet sich ins Freie und erhält durch ein Glasdach zusätzliches Tageslicht.

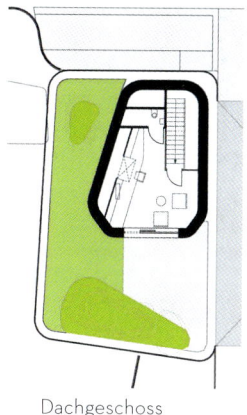
Dachgeschoss

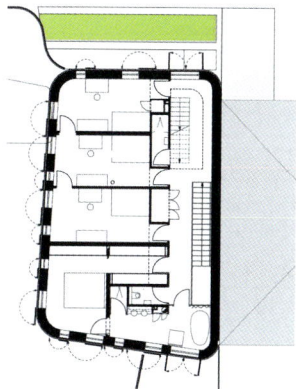
Obergeschoss

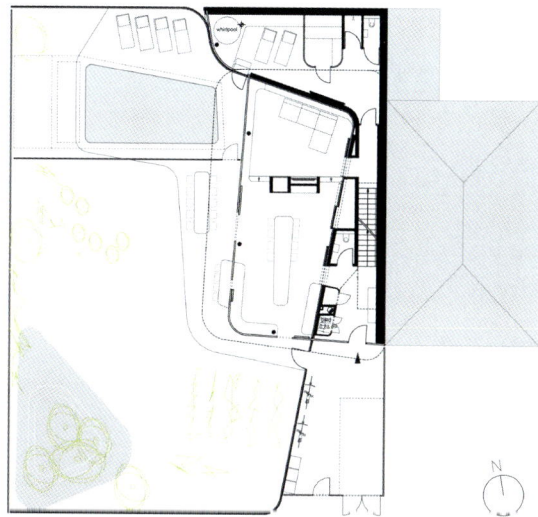
Erdgeschoss

Martin Haller, Günter Katherl und Ulrich Aspetsberger, Caramel Architekten

» Gemeinsam mit den Bauherren haben wir aus dem Grundstück ein großes Innen- und Außenwohnzimmer gemacht. Alle Freiräume und Dachflächen sind als lebendiger Landschaftsgarten gestaltet. «

Gebäudedaten

Grundstücksgröße: 500 m²
Wohnfläche: 300 m²
Zusätzliche Nutzfläche: 50 m²
Anzahl der Bewohner: 4
Bauweise: Mischbauweise mit Fassade aus vorgehängten Polykarbonatelementen
Baukosten gesamt: 640.000 €
Fertigstellung: 2010

AUSDRUCKSSTARKE BETONSKULPTUR

Haus 1+1=1 in Madrid (Spanien)

Iñaqui Carnicero Estudio

Der Blick in die Zukunft kann tückisch sein, gerade für Bauherren. Denn mit der Zeit ändern sich zuweilen auch die räumlichen Bedürfnisse. So wächst der Flächenbedarf mit der Zahl der Kinder und schrumpft hingegen, wenn der Nachwuchs auszieht. Der spanische Architekt Iñaqui Carnicero hat ein Haus in den Hügeln von Madrid geplant, das auf solche wechselnden Lebenssituationen eingeht. Das Betongebäude wirkt trotz seiner überschaubaren Baukosten wie aus einem Hollywoodfilm. Für eine einzelne Familie ist das Anwesen mit insgesamt 375 Quadratmetern Wohnfläche sehr großzügig bemessen. Derzeit wird die Villa jedoch von zwei Parteien als Doppelhaus genutzt. Die beiden Wohneinheiten orientieren sich auf dieselbe Terrasse, auch den Pool nutzen die Nachbarn gemeinsam. Für die Zukunft jedoch hat das Bauherrenehepaar die Option, die Flächen zu verbinden.

Fassaden, Innenwände und Decken des Gebäudes sind aus Sichtbeton gegossen, dessen markante Ästhetik das gesamte Haus prägt. Die Längsseite des Baukörpers springt Richtung Süden aus einem rückwärtigen Felshang hervor. Wie eine Plattform ragt die Terrasse aus dem Gelände und bietet ein unvergleichliches Panorama: Vom Pool schweift der Blick über das Tal bis zur entfernten Skyline von Madrid. Um auch im Inneren von dieser Aussicht zu profitieren, sind die Wohnbereiche im Erdgeschoss durch vollständig verglaste Fassaden mit den Außenzonen verbunden.

Das zentrale Wohnzimmer erstreckt sich über beide Geschosse, seine dunklen Holzeinbaumöbel nehmen in ihren Vorsprüngen Sitzgelegenheiten und Regale auf. Eine Treppe mit minimalistischem Stahlgeländer führt in den ersten Stock zu den beiden Schlafräumen, denen jeweils ein Bad zugeordnet ist. Die vorgelagerte Loggia schützt alle Räume vor der Hitze. Werden die Flächen der beiden Haushälften verbunden, so verwandelt sich das Erdgeschoss in eine durchgängige Wohnlandschaft mit zwei Küchen und genug Platz für eine Großfamilie.

1 Vom großzügigen Wohnbereich schweift der Blick ungestört über den Pool und die sanfte Hügellandschaft im Großraum Madrid.

1 Das luftige Wohnzimmer hat unterschiedliche Deckenhöhen. Dunkle Holzmöbel bieten Stauraum und Sitzmöglichkeiten. Sie gliedern die Fläche in einen Wohnbereich und eine Küche, deren Fensterschlitz sich nach Norden öffnet.

2 Durch das Fensterband im ersten Stock fallen die Sonnenstrahlen wie Scheinwerferlicht über die Galerie in den Wohnraum. Der durchgängige Fußboden aus Kalksandsteinplatten geht vom Innen- in den Außenbereich über.

3 Auch im Bad im Obergeschoss wurde auf kostspielige Wandverkleidungen verzichtet. Wie überall im Haus ist auch hier der Sichtbeton prägend.

1 Durch den Pool und den großzügigen Außenbereich gewinnt die Villa eine Wohnqualität, die an Hollywoodfilme erinnert. Einfache Materialien schaffen eine nüchterne Atmosphäre, die sich auf den beeindruckenden Ausblick auf die Landschaft konzentriert.

2 Das Gebäude springt aus dem felsigen Untergrund hervor und gleicht die Hangneigung durch ein Betonplateau aus. Seine klare Struktur erhält das Haus durch die tektonische Ordnung aus Einschnitten und Öffnungen in den Betonflächen.

3 Der Sichtbetonbau öffnet seine Südseite zu einer imposanten Terrasse mit Swimmingpool. Das Erdgeschoss ist vollständig verglast und wird vom auskragenden Obergeschoss vor der Sonne geschützt.

Iñaqui Carnicero

》 Durch fließende Übergänge zwischen innen und außen haben wir die physischen Grenzen der Innenräume erweitert und die Natur als Wohnqualität mit einbezogen. 《

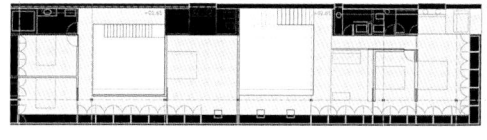

Obergeschoss

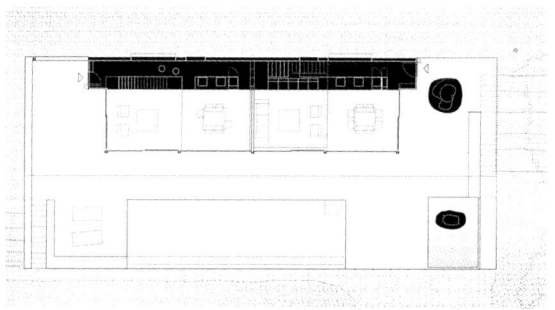

Erdgeschoss

Gebäudedaten

Grundstücksgröße: 1.800 m²
Wohnfläche: 375 m²
Zusätzliche Nutzfläche: 240 m²
Anzahl der Bewohner: 4
Bauweise: Stahlbeton
Baukosten gesamt: 420.000 €
Fertigstellung: 2009

WOHNTURM VOR WALDKULISSE

Wohnhaus in Linz (Österreich)

Caspar Wichert Architektur

Wie im Baumhaus können sich die Bewohner dieses Familiendomizils am Fuß des Linzer Pöstlingbergs fühlen: Zwischen Nachbargebäuden und Waldrand ragt der markante Sichtbetonkubus aus dem steilen Wiesenhang hervor und orientiert sich mit großen Öffnungen ganz auf die grüne Naturkulisse.

Mit seinem Konzept griff der Architekt und Bauherr Paul Wichert die Idee der umliegenden Punkthäuser auf, interpretierte diese jedoch mit zeitgemäßen Mitteln neu: Er entwarf ein Ensemble aus einem dreigeschossigen Haupthaus und einem flachen, vorgelagerten Nebengebäude, die zusammen einen geschützten Innenhof umschließen. So entstand eine Übergangszone zwischen innen und außen, die als Eingangsbereich, Freisitz und Spielfläche zugleich dient.

Der Grundriss entwickelt sich in der Vertikalen um ein zentrales Treppenhaus. Man betritt das Gebäude in der mittleren Ebene über einen hallenartigen Raum, der auf unterschiedlichste Arten genutzt werden kann. Zurzeit wird er vor allem von den Kindern, deren Zimmer direkt angrenzen, bespielt – doch ebenso gut eignet er sich als Turnsaal, Partyzone, Werkstatt oder etwa Büro. Über eine filigrane Stahltreppe gelangt man in die beiden anderen Etagen. Der Elternbereich liegt im Hanggeschoss, während sich das Zentrum des Familienlebens in der obersten Ebene befindet, die vom fantastischen Fernblick auf die Linzer Stadtsilhouette profitiert. An die Essküche schließt sich ein leicht erhöht liegender Wohnbereich an, der bei Bedarf durch Vorhänge vom übrigen Raum abgeteilt werden kann.

Deckenhohe Glasfronten holen das Licht und die Landschaft ins Haus und machen den Wechsel der Tages- und Jahreszeiten stets präsent. Im Inneren kontrastieren maßgefertigte Einbaumöbel aus unbehandeltem Tannenholz mit Decken und Wänden aus rohem Sichtbeton, an denen sich die Holzmaserung der Schalungsplatten abzeichnet. Geschliffene Estrichböden sowie Treppen und Brüstungen aus schwarzem Stahl runden das stimmige Gesamtkonzept ab.

1 Mit seiner hellen Sichtbetonfassade hebt sich der kubische Bau selbstbewusst von seiner Umgebung ab. Blickfang ist der Ostbalkon, der wie eine weit herausgezogene Schublade über dem steilen Hang zu schweben scheint.

1

2

1 Der Wohnbereich im Obergeschoss schließt sich – leicht erhöht – direkt an die Essküche an, kann jedoch mit Vorhängen vom übrigen Raum abgeteilt werden.

2 Große Glasfronten geben den Blick in die Baumkronen frei und holen viel Tageslicht herein. Maßgefertigte Einbauten aus hellem Tannenholz bieten Stauraum und kontrastieren mit den Decken und Wänden aus Sichtbeton.

3 Der Eingang liegt in der mittleren Ebene: Die zweigeschossige zentrale Halle dient als Entree, Spielflur und Multifunktionsraum zugleich. Eine filigrane Stahltreppe verbindet alle drei Wohnetagen miteinander.

4 Schöne Aussichten ins Grüne bieten sich auch vom Elternbad im Untergeschoss. Der Bodenbelag aus gemusterten Zementfliesen sorgt für ein wohnliches Ambiente.

1 Die für den Ort charakteristischen sanften Wiesenhänge blieben weitgehend erhalten. Das Gelände wurde lediglich mit einer Abfolge aus Ebenen und Böschungen leicht modelliert.

2 Der Eingangsbereich auf der Nordseite orientiert sich auf einen geschützten Innenhof, der als Übergangszone zwischen öffentlichem und privatem Raum dient – und auch als Spielplatz oder Freisitz genutzt wird.

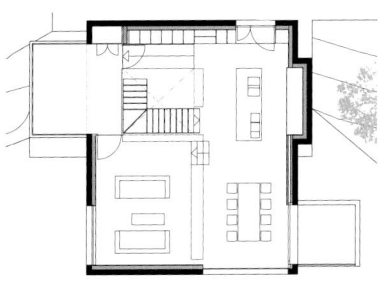
Obergeschoss

Paul Wichert und Sybille Caspar

>> Roher Sichtbeton, unbehandeltes Tannenholz sowie schwarzer Stahl prägen das Haus und können in Würde altern. <<

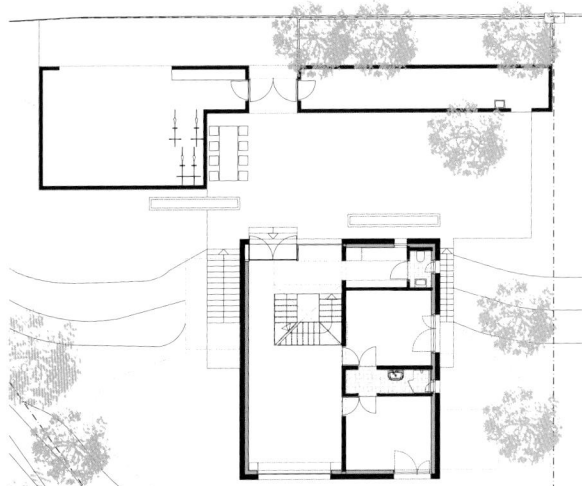
Erdgeschoss

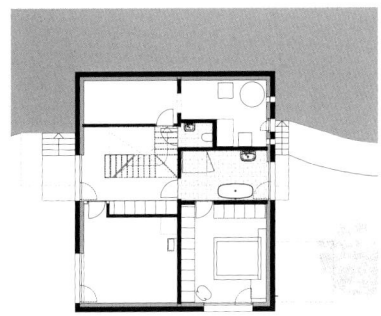
Untergeschoss

Gebäudedaten

Grundstücksgröße: 938 m²
Wohnfläche: 212 m²
Zusätzliche Nutzfläche: 90 m²
Anzahl der Bewohner: 4-5
Bauweise: Stahlbeton
Fertigstellung: 2014

STADTVILLA FÜR ZWEI FAMILIEN

Niedrigenergiehaus in Berlin-Steglitz

Clarke und Kuhn Architekten

Das Doppelhaus in Berlin-Steglitz vereint die Vorteile des Landlebens mit denen der Stadt. Der große Garten, den zwei Familien gemeinsam nutzen, bietet viel Platz zum Spielen für die Kinder, die Wohnräume öffnen sich mit Terrassen ins Grüne. Gleichzeitig liegt die Villa nahe an einem wichtigen Knotenpunkt der urbanen Infrastruktur.

Die Berliner Architekten Maria Clarke und Roland Kuhn haben die Grundstücksfläche von insgesamt 1.000 Quadratmetern für einen Neubau genutzt, der zwei Familienhäuser unter einem Dach vereint. Jede Wohneinheit besteht aus einem dreigeschossigen Haus mit eigenem Grundriss und einheitlicher Außenhülle. Für die markante Kubatur des Niedrigenergiehauses war die Baufluchtlinie der Straßenseite ausschlaggebend. In der Mitte des Grundstücks springt das Flachdachgebäude mit Staffelgeschoss 2 Meter zurück. Die Architekten nutzten diesen Einschnitt für eine Teilung des Geländes in zwei Grundstücke von 600 beziehungsweise 400 Quadratmetern.

Nach Nordosten, zur Straßenseite, rhythmisieren wenige Fensteröffnungen die einheitliche weiße Putzfassade. Ein Versprung markiert die Zäsur zwischen den beiden Wohneinheiten mit jeweils eigenem Eingang. An den Schmalseiten und zum Garten lassen großteilige Fensterbänder viel Licht nach innen. Die Gemeinschaftsbereiche beider Häuser liegen im Erdgeschoss und richten ihre raumhohen Fenster zum Garten. Küche, Ess- und Wohnbereich fließen in ein offenes Raumkontinuum. Platz für private Rückzugsbereiche und Gäste- oder Arbeitszimmer gibt es im ersten Stock und im Staffelgeschoss samt angeschlossener Dachterrasse. Durch die geschickte Organisation der Räume, die jeweils um eine zentrale und eine seitliche Treppe angeordnet sind, kann aus jeder Haushälfte zusätzlich zum Erdgeschoss eine Einliegerwohnung sowie ein Büro im Staffelgeschoss abgetrennt werden. Je nach Bedarf und Lebenssituation entstehen so unterschiedliche Grundriss- und Nutzungsoptionen.

1 *Der Versprung in der Fassade markiert die Zäsur zwischen den beiden Einfamilienhauseinheiten. Die Terrassen sind versetzt und erhalten so Privatsphäre. Den rückwärtigen Garten nutzen die Kinder der Familien gemeinsam für Entdeckungen und Abenteuer.*

1 Möbel gliedern den Wohnbereich in Zonen für verschiedene Nutzungen. Ein frei stehender Küchenschrank trennt den Essbereich von der Küche und dient als Arbeitsfläche (Fotos: nordwestliche Wohneinheit).

2 Das Schlafzimmer der Eltern liegt im Staffelgeschoss und öffnet sich mit raumhohen Fenstern zu einer Dachterrasse. Statt einer kleinen und dunklen Schlafkammer entsteht so ein großzügiger, intimer Rückzugsraum.

3 Zur Straße gibt sich das Doppelhaus mit nur wenigen Fenstern verschlossen. Auch hier ist die Zäsur zwischen den beiden Wohneinheiten nur im Fassadenrücksprung erkennbar.

Maria Clarke und Roland Kuhn

> » Mit unseren Wohnhäusern im städtischen Raum möchten wir wir ein Umfeld schaffen, in dem sich Familien wohlfühlen. «

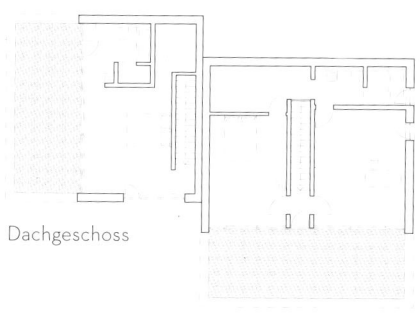

Dachgeschoss

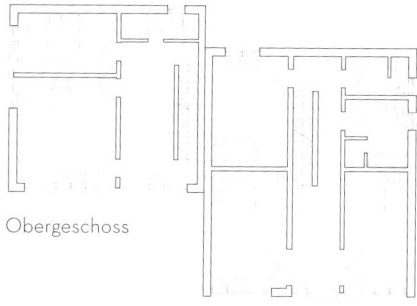

Obergeschoss

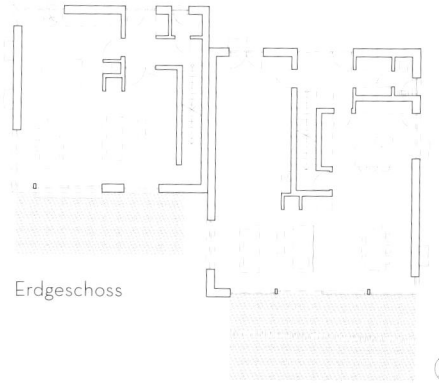

Erdgeschoss

Gebäudedaten

Grundstücksgrößen: 600 m²/400 m²
Wohnflächen: 261 m²/165 m²
Zusätzliche Nutzflächen: 99 m²/66 m²
Anzahl der Bewohner: 5/3
Bauweise: Massivbau mit Porotonsteinen
Baukosten gesamt: 360.000 €/ 254.100 €
Fertigstellung: 2010

MINIMALISTISCHE VIELFALT

Reihenhaus in Amsterdam (Niederlande)

Felix Claus Dick van Wageningen Architecten

Seinen Entwurf für das schmale Stadthaus in Amsterdam-IJburg reihte der Amsterdamer Architekt Felix Claus in die Blockrandbebauung der Umgebung ein. Trotz der urbanen Dichte des Wohnviertels fasst das Haus großzügige und abwechslungsreiche Räume für eine Familie mit drei Kindern. Von außen gibt sich die innere Vielfalt jedoch nicht zu erkennen, da die Fenster auf der Straßenseite keine Rückschlüsse auf die innere Organisation des Wohnhauses zulassen.

Die miteinander verflochtenen Innenräume erhalten durch Ausblicke zur Straßen- und Gartenseite sowie verschiedene Deckenhöhen und Fensterformate eine stets andere Atmosphäre. Um Einblicke von Passanten abzuschirmen, öffnet sich der Eingangsbereich nur mit einer flachen Fensterfläche auf Straßenniveau. Im rückwärtigen Bereich des Erdgeschosses befindet sich das ruhige Studio des Hausherrn.

Der zentrale Wohnbereich im ersten Stock des Hauses lässt Küche und Wohnraum fließend ineinander übergehen, auch wenn sie durch einen Treppenabsatz voneinander getrennt sind. Wechselseitige Orientierungen und Ausblicke in den Garten und auf die Straße geben den einzelnen Bereichen einen unterschiedlichen Charakter. Zusätzlichen Raum bietet ein Mezzaningeschoss, das seine Galerie zum Luftraum des Wohnbereichs öffnet.

Zentrales Verbindungsglied zwischen den Geschossen und Halbgeschossen ist eine Holztreppe entlang der seitlichen Außenwand des Hauses. Der offene Duktus der Beletage weicht im ersten Stock dem privaten Charakter einzelner Zimmer, die sich um einen mittigen Flur mit Bad gruppieren. Unter dem Flachdach im obersten Stockwerk liegt das loftartige Schlafzimmer der Eltern. Die vorgelagerte Terrasse schließt das Gebäude zur Gartenseite ab.

Mithilfe der sorgfältigen Raumorganisation gelang es den Architekten, ein abwechslungsreiches Familienuniversum zu schaffen. Schlichte dunkle Einbaumöbel sowie Sichtbetonwände und -böden betonen die durchgängige minimalistische Einheit der Räume.

1 Unregelmäßig platzierte Fenster mit filigranen Rahmen strukturieren die elegante Fassade des schmalen Reihenhauses. Von außen bleibt die innere Vielfalt der Räume unsichtbar.

1 Die Glasbrüstung der Wohngalerie lässt den Blick ungestört durch das große Fenster auf die Straße schweifen. Halbgeschosse organisieren die Wohnfläche zu einer abwechslungsreichen Raumfolge, die sich mal zur Straße und dann wieder zur Gartenseite orientiert.

2 Eine zentrale Holztreppe verbindet die einzelnen Ebenen, die unterschiedliche Deckenhöhen haben. Böden und Wände sind durchgängig aus Sichtbeton, der die minimalistische Vielfalt der Räume besonders hervorhebt.

3+4 Der Luftraum des Wohnbereichs im ersten Stock erstreckt sich bis zur Galeriezone. Deutlich niedriger hingegen ist die Decke in der Küche, die durch einen Treppenabsatz und ein Regal vom Wohnzimmer getrennt ist.

1 Der zweite Stock ist den Kinderzimmern vorbehalten. Tiefe Fensterlaibungen verwandeln sich zu Sitzgelegenheiten mit Blick nach draußen. Reduzierte Materialien und sorgfältig geplante Proportionen schaffen klare Raumstrukturen.

2 Der loftartige Rückzugsraum der Eltern ist ein Ort der Ruhe und Entspannung. Unter dem Dach gelegen, wird er durch große Oberlichter erhellt.

3 Im Erdgeschoss befindet sich zur Straßenseite hin ein großzügiger Eingangsbereich mit Schrankgarderoben. Die hinteren Räume nehmen den Arbeitsbereich des Hausherrn auf.

Felix Claus

3. Obergeschoss

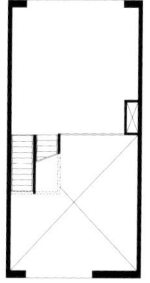 

Zwischengeschoss   2. Obergeschoss

>> Die Wohnqualität des Hauses liegt in den versetzten Ebenen, die verschiedene Bereiche definieren und sie zugleich verbinden. <<

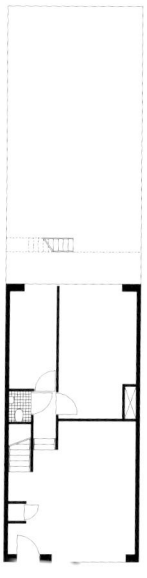 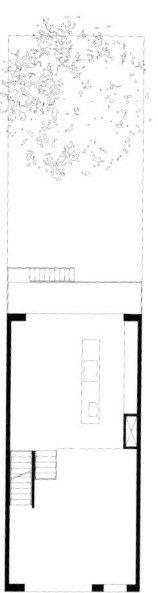

Erdgeschoss   1. Obergeschoss

Gebäudedaten

Grundstücksgröße: 144 m²
Wohnfläche: 170 m²
Zusätzliche Nutzfläche: 85 m²
Anzahl der Bewohner: 5
Bauweise: Betonfertigteile und Kalksandsteinmauerwerk
Baukosten gesamt: 357.000 €
Fertigstellung: 2009

VORNEHME TRANSPARENZ

Familiendomizil in Düsseldorf

Georg Döring Architekten

Um die herausragende Position des Baugrundstücks an einem benachbarten Park optimal zu nutzen, entschied sich der Architekt Georg Döring beim Entwurf seines eigenen Familiendomizils für so viel Garten wie möglich und so viel Haus als nötig. Er konzipierte das Grundstück als Abfolge unterschiedlicher Zonen, die hintereinander von Norden bis zur südlichen Grundstücksgrenze aufgereiht sind. Sichtbetonmauern und eine Garage fassen den Eingangsbereich in eine Hofsituation. Das Wohnhaus selbst nimmt fast die gesamte Grundstücksbreite ein und öffnet seine Südseite ins Grüne.

Mit Ausnahme der Schlafzimmer sind alle Räume der Wohnfläche von insgesamt 293 Quadratmetern offen miteinander verknüpft und mehrfach nutzbar. So ist die Küche nicht nur zum Kochen, sondern auch zum Essen da. Im Wohnzimmer im Erdgeschoss, dessen verglaste Südseite sich durch eine Hebe-Schiebetüren-Anlage ins Freie öffnen lässt, wird Musik gehört und an einer großen Tafel mit Freunden gegessen. Das Treppenhaus verknüpft nicht nur die einzelnen Stockwerke miteinander, sondern wird im Obergeschoss auch als Bibliothek genutzt. Der Elterntrakt und die Kinderzimmer im ersten Stock sind nach Osten ausgerichtet und klar voneinander getrennt. Eine große Terrasse und die Bibliothek verbinden die beiden Bereiche.

Alle Räume des Hauses gruppieren sich um eine Wandscheibe aus Sichtbeton, die über alle Geschosse reicht und auch als Treppenwange dient. Das große, rund 900 Kilogramm schwere Fenster auf der Nordseite rahmt die Treppe wie eine minimalistische Skulptur. Zusätzlich wirft ein Dachfenster Tageslicht auf die Stufen. Die großzügigen Proportionen des südseitigen Wohnraums, der sich beinahe über die gesamte Länge des Hauses erstreckt, sind durch die übereck laufende Verglasung betont. Durch Wandvorsprünge entstehen auf den durchgängigen Flächen Nischen, die jedem Familienmitglied auch die Möglichkeit geben, für sich zu sein.

1 Der klare Baukörper wirkt wie eine reduzierte und kompakte Raumskulptur. Zur Gartenseite ist das Erdgeschoss durchgängig verglast und öffnet sich zu der vorgelagerten Terrasse.

1 Wie ein Cockpit öffnet sich das Kinderzimmer mit einem schmalen, übereck geführten Fensterband ins Grüne. Robuste Holzböden und weiße Wände verbreiten eine zeitlose Atmosphäre.

2 Ein Dachfenster streut Tageslicht in Treppenhaus und Flur. Im Obergeschoss ist die Erschließungsfläche durch Bücherregale aufgewertet.

3 Der durchgängige Wohnbereich im Erdgeschoss profitiert von den bodentiefen Fenstern und holt die Natur nach innen. So entsteht ein weitläufiger Raumeindruck.

4 Am großen Esstisch im Wohnbereich finden auch die Freunde der Familie Platz. Klare Proportionen und sorgfältig ausgewählte skulpturale Möbel gliedern den großen Raum und geben ihm Charakter.

3

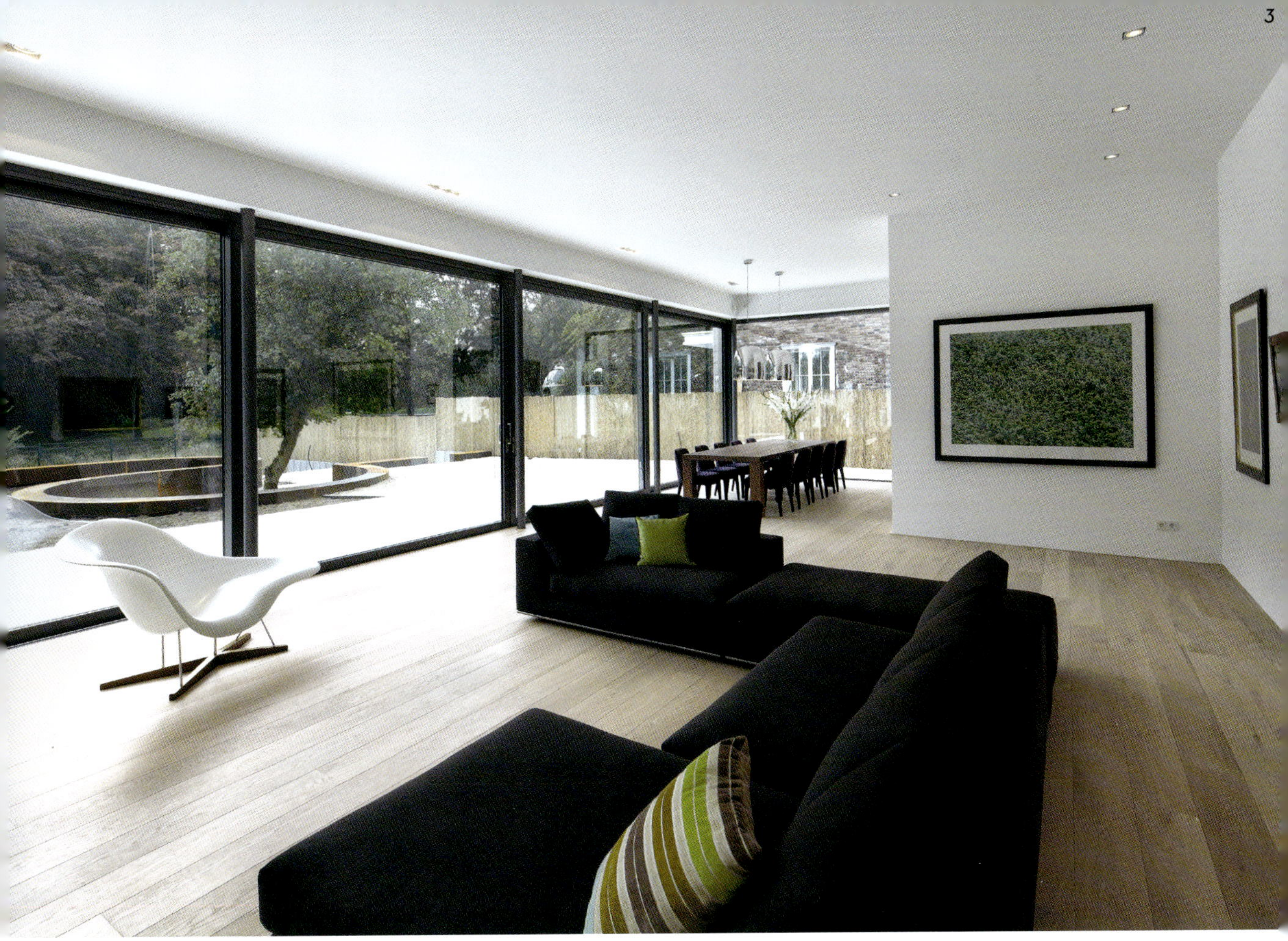

4

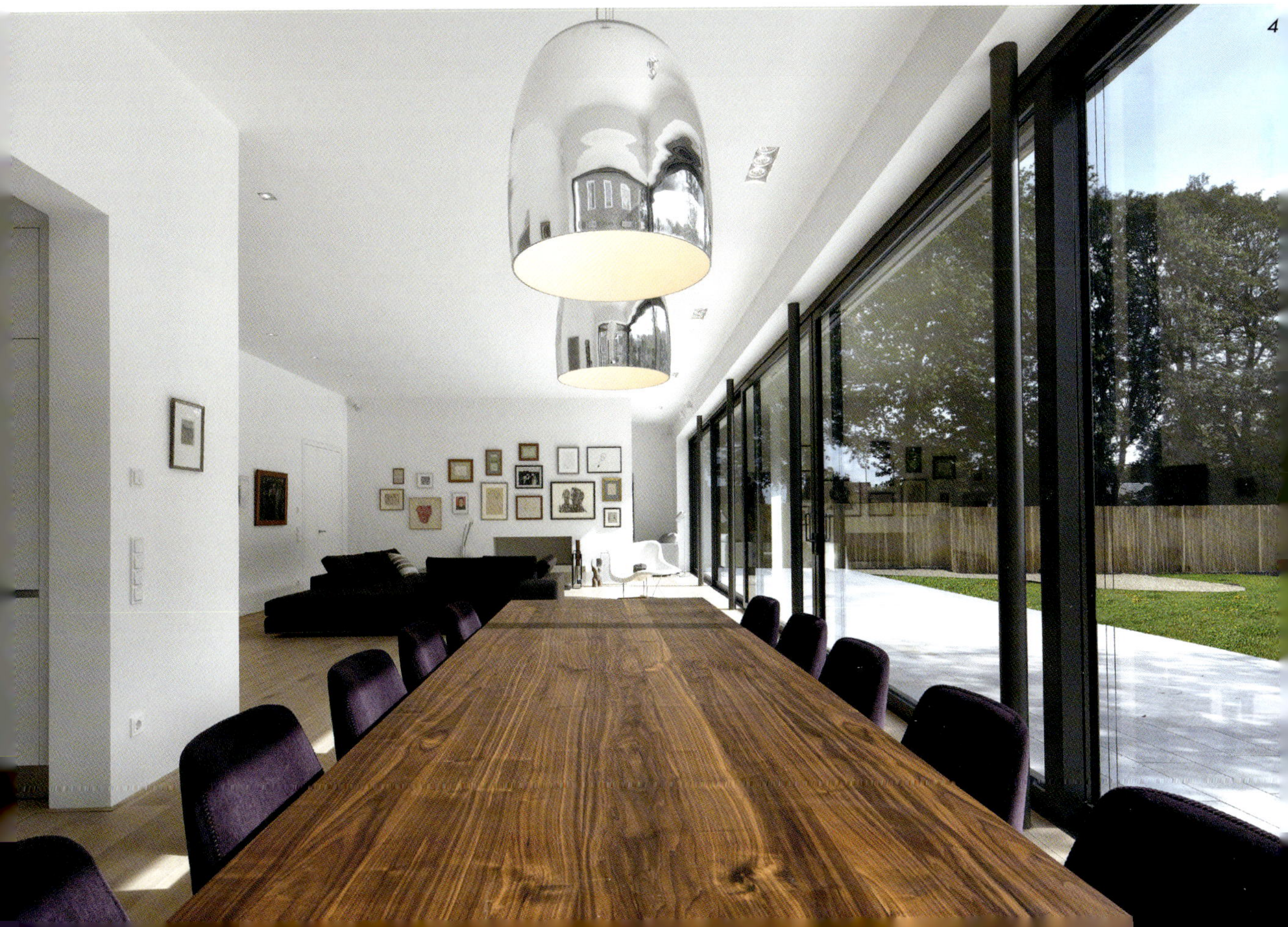

1 *Zur Eingangsseite öffnet sich das Haus mit einem einzigen großen Fenster. Wie ein Bildschirm im Dunkeln rahmt die Öffnung einen Ausschnitt der Eingangsdiele und der Treppe.*

2+3 *Im Obergeschoss sind Elternbad und -schlafzimmer um eine Dachterrasse gruppiert. So entsteht ein ruhiger, privater Rückzugsbereich mit viel Licht.*

Georg Döring

» Das Erdgeschoss bietet Raum für das Miteinander, das Obergeschoss Rückzugsmöglichkeiten mit Privatsphäre. Das offene Treppenhaus wird als gemeinsame Bibliothek genutzt. «

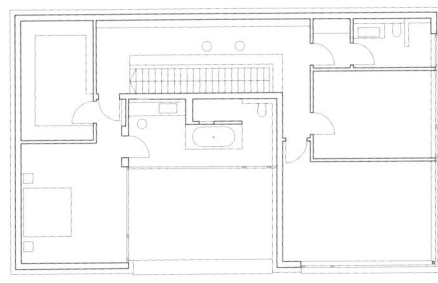

Obergeschoss

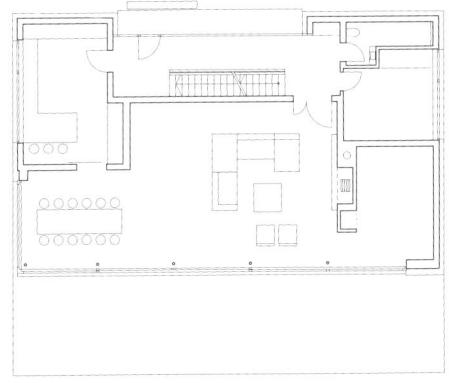

Erdgeschoss

Gebäudedaten

Grundstücksgröße: 1.370 m²
Wohnfläche: 293 m²
Zusätzliche Nutzfläche: 153 m²
Anzahl der Bewohner: 3
Bauweise: Stahlbeton und Kalksandsteinmauerwerk
Fertigstellung: 2011

OFFENE RAUMKOMPOSITION

Familienresidenz in Zagreb (Kroatien)

DVA Arhitekta

Der Bezug zur Natur war der Bauherrenfamilie mit drei Kindern wichtig für ihr neues Domizil in Zagreb. Deshalb konzipierten die kroatischen Architekten Tomislav Ćurković und Zoran Zidarić von DVA Arhitekta ein Haus, das sich mit Terrassen, Balkonen und großen Fenstern zum südlichen Garten öffnet, zur Straße im Norden hin dagegen abschottet. Die einzelnen Volumen des Flachdachgebäudes sind zu einer ausdrucksstarken Skulptur übereinandergestapelt. Die Fassade aus recycelten Ziegeln greift die Bauweise der Nachbarhäuser auf und gibt dem Neubau Patina. In seinem Inneren breitet sich eine vielschichtige Wohnlandschaft aus, die auf drei Seiten zum Garten hin orientiert ist. Abgesehen von einem Kinderzimmer am Eingang ist der Grundriss klassisch strukturiert: Im Erdgeschoss befinden sich die Gemeinschaftsräume, die privaten Rückzugsräume hingegen liegen im ersten Stock.

Im zentralen Wohnraum gehen die Nutzungszonen frei ineinander über. Küche und Essbereich öffnen sich mit einer Glasfront zu einem überdachten Essplatz im Grünen. Durch das abgesenkte Bodenniveau ist der südliche Wohnbereich optisch von den restlichen Flächen getrennt und bleibt trotzdem mit ihnen verbunden. Raumhohe Fensterflächen und vielfache Ausblicke in den umliegenden Garten sorgen für eine ruhige Atmosphäre. Ein zweiseitig verglaster Innenhof streut zusätzliches Tageslicht in den Wohnbereich und trennt ihn gleichzeitig vom Treppenaufgang.

Im Obergeschoss reihen sich die Kinderschlafzimmer samt Bad entlang eines Flurs, der der Längsausrichtung des Hauses folgt. Der Rückzugsraum der Eltern mit Ankleide schließt sich zur Gartenseite an und nutzt dieselbe Terrasse wie das Kinderzimmer. Durch große Fenster und Austritte ins Grüne entstehen auch im ersten Stock besondere Aufenthaltsqualitäten, die den Familienalltag bereichern.

1 Die Fassaden aus wiederverwendeten Ziegeln geben dem klaren Bau eine außergewöhnliche Patina. An der Gartenseite lockert ein Portikus das Volumen auf, der im ersten Stock eine Terrasse bildet.

1 *Der differenzierte Grundriss setzt auf die gekonnte Verzahnung von innen und außen. Der Wohnbereich im Süden ist durch das abgesenkte Niveau und seinen Holzfußboden optisch von der Küche getrennt.*

2 *Der Essbereich öffnet sich mit einer Glasschiebetür zum Portikus, der als überdachter Außenessplatz dient.*

1 Zur Straßenseite präsentiert sich das Gebäude wie eine abstrakte Skulptur aus differenzierten Volumen mit Flachdach. Die Fassadengestaltung bindet das Haus in die Nachbarbebauung ein und bekennt sich gleichzeitig zur Moderne.

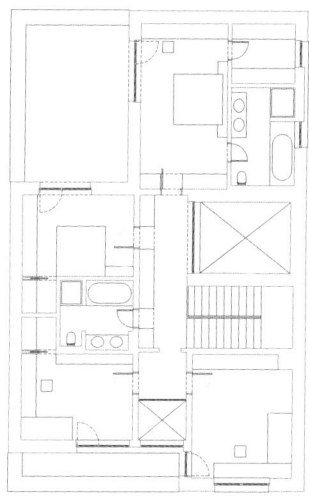

Obergeschoss

Tomislav Ćurković und Zoran Zidarić, DVA Arhitekta

》 Mit dem Atrium und den Terrassen haben wir Übergänge zwischen innen und außen geschaffen. 《

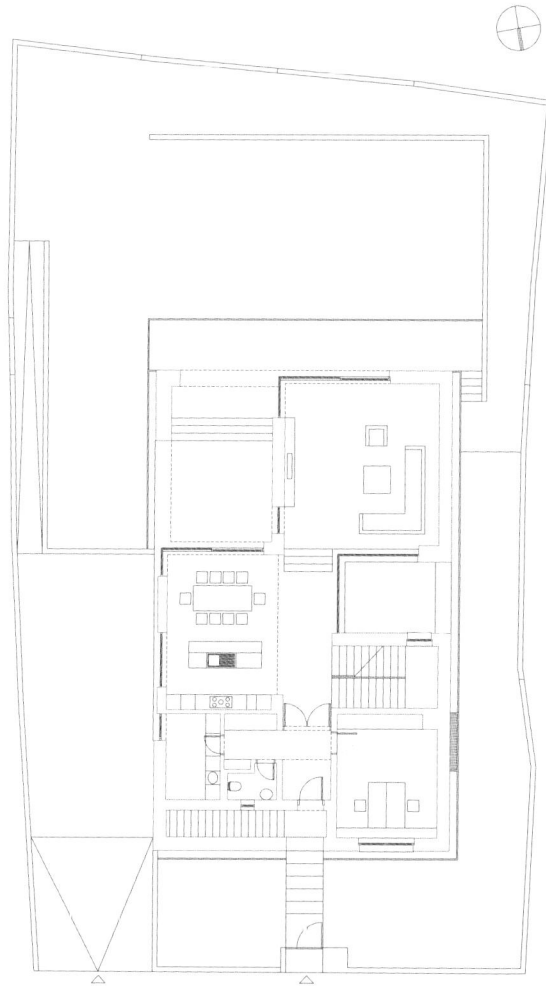

Erdgeschoss

Gebäudedaten

Grundstücksgröße: 774 m²
Wohnfläche: 335 m²
Zusätzliche Nutzfläche: 75 m²
Anzahl der Bewohner: 5
Bauweise: Betonkern mit vorgesetzter Ziegelfassade
Baukosten gesamt: 492.000 €
Fertigstellung: 2010

HELLE FREUDE

Umbau und Aufstockung eines Hinterhauses in Heidelberg

Ecker Architekten

Das Hinterhaus in der Heidelberger Weststadt schien seine besten Zeiten hinter sich zu haben: In den 1950er-Jahren befand sich hier ein Café, das ein beliebter Treffpunkt der ortsansässigen Kunstszene war. Alte Fotos aus dem Familienalbum der Architektin Dea Ecker – deren Urgroßeltern die Konditorei gehört hatte – zeigen einen geschmackvoll eingerichteten Raum mit offener Galerie und transparenter Hoffassade.

Von diesem Flair war nichts mehr zu spüren, als die Planerin mit ihrem Mann Robert Piotrowski das sanierungsbedürftige Gebäude übernahm, um hier mit Wohnung und Büro selbst einzuziehen. Das Haus war völlig entstellt und verbaut, die Glasfront hatte man zugemauert, den Luftraum mit einer Geschossdecke geschlossen.

Die Architekten entkernten den Bestand, brachten den Gartenraum mit seiner offenen Galerie wieder zum Vorschein und legten die markante Rippendecke frei. Zudem erweiterten sie die Wohnfläche mit einem Staffelgeschoss. Diese wundersame Wandelung lässt sich von der Straße aus nicht erahnen, wo nur ein kleines Schaufenster auf den Zugang hindeutet. Ein schlauchartiger Raum – früher der Kuchen- und Pralinenverkauf, heute das Büro – verbindet Vorder- und Hinterhaus miteinander. Er führt zum Wohntrakt der Architektenfamilie und mündet in der Essküche, die sich mit einer gebäudebreiten Glasfront auf den Hofgarten öffnet. Die Galerie darüber dient als Bibliothek, an die sich Kinder-, Gästezimmer und Bad anschließen. Im Staffelgeschoss mit Dachterrasse liegt der Elternbereich.

Seine luftige Offenheit und Weite verdankt das Stadthaus nicht nur der geschickten Raumorganisation, sondern auch dem fein detaillierten Innenausbau sowie einer reduzierten Farb- und Materialpalette. Ein besonderer Blickfang – und ein wahres Stauraumwunder – ist die mit weißem Ebenholzfurnier verkleidete Rückwand in der Essküche: Sie lässt nicht nur Backofen und Kühlschrank, sondern auch den Wohnungseingang hinter einer Art Tapetentür verschwinden.

1 Nach seiner Aufbaukur hat sich das Hinterhaus in ein attraktives Familiendomizil verwandelt. Es wurde entkernt und um ein Staffelgeschoss aufgestockt. Der kleine Hofgarten mit Kiesfläche und Platane ist eine ruhige Oase mitten in der Stadt.

1 Wenige Farben und Materialien prägen das Ambiente der Eingangsebene. Die markante Betonrippendecke wurde freigelegt, Downlights erhellen die offene Wohnküche, die über einen Luftraum Sichtkontakt zur Galerie hält.

2 Im neuen Staffelgeschoss ist eine geräumige Elternsuite entstanden, die sich über die Dachterrasse fließend ins Freie erweitert. Hinter dem Sideboard rechts verbirgt sich der Treppenaufgang.

3 Maßgefertigte Einbauten – wie das Stahlregal im Hintergrund – und die Möblierung mit ausgesuchten Designklassikern tragen im Obergeschoss zum stimmigen Raumeindruck bei.

4 Über eine filigrane Edelstahltreppe gelangt man in die Dachetage. Absturzsicherungen aus Metallgeflecht sorgen für Blicktransparenz. Der Bodenbelag auf der Galerie ist aus Kautschuk.

1 *Der Altbau liegt in einem gründerzeitlichen Wohnquartier mit Blockrandbebauung. Das Architekturbüro der Bauherren orientiert sich mit einem kleinen Schaufenster zur Straße hin und dient zugleich als Durchgang zur angrenzenden Wohnung.*

2+3 *Der Altbau in citynaher Lage hat eine bewegte Vergangenheit hinter sich: In den 1950er-Jahren befand sich hier ein stadtbekanntes Café, das ein beliebter Treffpunkt der Kunstszene war. In dem langen schmalen Raum, der Vorder- und Hinterhaus miteinander verbindet, wurden damals Torten und Pralinen verkauft.*

Dea Ecker und Robert Piotrowski

》 Die Substanz war wie ein roher Diamant, der behutsam geschliffen und poliert wurde: mit hochwertigen Materialien, einer ausgefeilten Detaillierung sowie einer Fülle von Tageslicht. 《

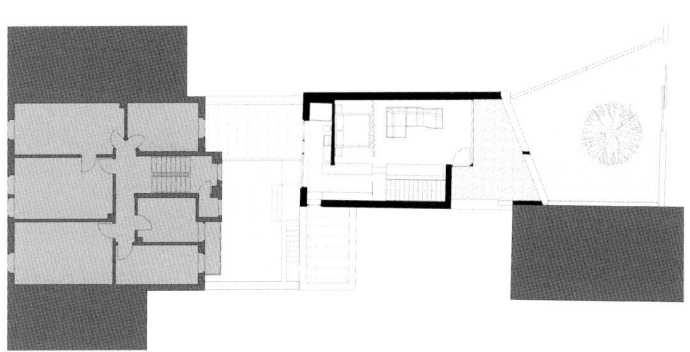

Dachgeschoss

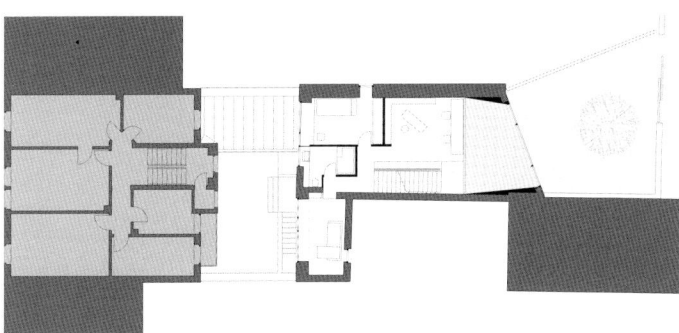

Obergeschoss

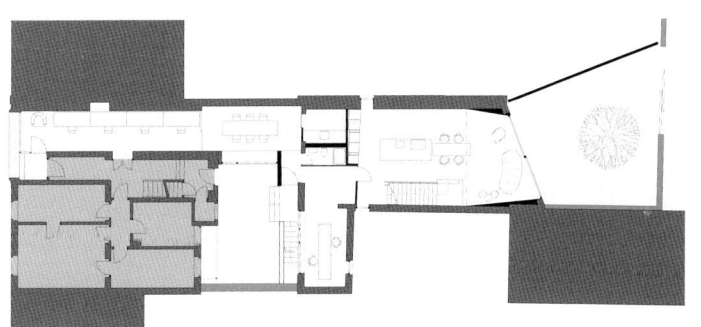

Erdgeschoss

Gebäudedaten

Grundstücksgröße: 230 m²
Wohnfläche vorher/nachher: 105 m²/158 m²
Zusätzliche Nutzfläche nach Umbau: 113 m²
Anzahl der Bewohner: 3
Bauweise: Mauerwerk, Beton mit Dämmung und Außenputz (Bestand), Stahlkonstruktion (Aufstockung)
Baujahr Bestand: 1950
Fertigstellung Umbau: 2014

HAUS HOCH ZWEI
Atelierhaus in Wenzenbach, Bayern

1

Fabi Architekten

Ganz in Schwarz präsentiert sich das kleine Atelierhaus im oberpfälzischen Wenzenbach zur Straße hin und schirmt sich mit einer fensterlosen Putzfassade gegen den Verkehr ab. Von der Zufahrtsseite fällt das Grundstück steil nach Süden ab, sodass der schlichte Satteldachbau fast über dem Abgrund zu schweben scheint. Für Bodenhaftung sorgt ein weißer Flachdachkubus, der sich weiter unten am Hang mit einer leichten Drehung aus dem Gelände schiebt und die solide Basis für das Haupthaus bildet. Mit dieser Aufteilung des Raumprogramms auf zwei übereinandergestapelte – und auch farblich klar voneinander abgesetzte – Baukörper reagierte der Architekt Stephan Fabi geschickt auf die schwierige Gefällesituation, ohne größere Eingriffe in die Topografie vornehmen zu müssen.

Der Eingangsbereich liegt im Hanggeschoss. Vom Entree führt eine Treppe direkt in die obere Ebene, wo sich das Herzstück des Hauses befindet: ein offener Allraum, der die gesamte Geschossfläche einnimmt und einen fantastischen Panoramablick auf die Waldkulisse ringsum bietet. Wohnbereich, Essplatz und Küche bilden eine Einheit und scheinen sich über die deckenhohen Glasfronten auf der Südseite fast nahtlos ins Freie zu erweitern.

Zum homogenen Raumeindruck trägt vor allem die Tatsache bei, dass viele Möbel und Einbauten – wie etwa die Küchenzeile oder das Sideboard, das zugleich als Absturzsicherung für die Treppe dient – ebenfalls vom Architekten konzipiert wurden. Dabei verwendete Fabi das gleiche warmtonige Eichenholz, das auch als Bodenbelag zum Einsatz kam. Wenige ausgesuchte Designerstücke ergänzen dieses stimmige Gesamtkonzept, das sich auch im Untergeschoss mit dem privaten Rückzugsbereich des Bauherrn konsequent fortsetzt: Schlafzimmer und Bad gehen offen ineinander über, sämtliche Alltagsgegenstände verschwinden dezent hinter einer deckenhohen Schrankwand, während die maßgefertigten Waschtische wie Designobjekte frei im Raum stehen.

1 Schwarz auf Weiß präsentiert sich dieses kleine Gebäudeensemble, das aus zwei übereinandergestapelten Volumen zusammenfügt ist. Der Eingang im unteren Kubus wird von der Auskragung des Haupthauses beschirmt.

1 Küche, Ess- und Wohnbereich nehmen als Allraum die gesamte Geschossfläche ein und öffnen sich bis unter den Dachfirst. Das Sideboard rechts hinten dient auch als Absturzsicherung für die Treppe.

2 Blickfang im Eingangsbereich ist die minimalistische Treppe mit frei tragenden Stufen. In die Unterseiten sind LED-Streifen eingelassen, die bei Dunkelheit für eine effektvolle Beleuchtung sorgen.

3 Das Bad ist ins Schlafzimmer integriert, wandbündige Einbauten schaffen Stauraum. Schwarz verputzte Decken zeichnen die Stellen nach, an denen das Haupthaus auf dem Untergeschoss aufliegt.

4 Wenige Farben und Materialien tragen zum harmonischen Gesamteindruck bei. Dielenboden und maßgefertigte Einbauten aus Eichenholz lassen das Interieur wie aus einem Guss erscheinen.

1

2

1 Auf der Zufahrtsseite im Norden nimmt man nur den oberen Bau wahr, der fast über dem steilen Hang zu schweben scheint. Seine Ansichtsseiten sind komplett geschlossen und geben nichts von seinem Innenleben preis.

2 Am Luftbild lässt sich die privilegierte Lage des Hauses deutlich erkennen. Auf dem bewaldeten Areal an einem ehemaligen Wehrgraben befand sich früher ein Wärterhäuschen.

Stephan Fabi

》 Der Hauptgedanke war, alles Unnötige wegzulassen, den Baukörper innen und außen immer weiter zu reduzieren und dabei die Funktionen noch besser zu gestalten. 《

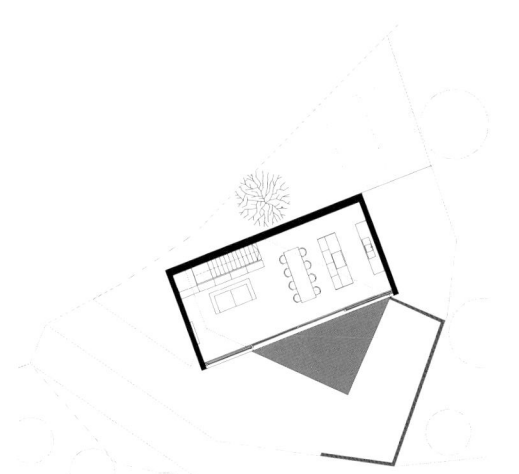

Erdgeschoss

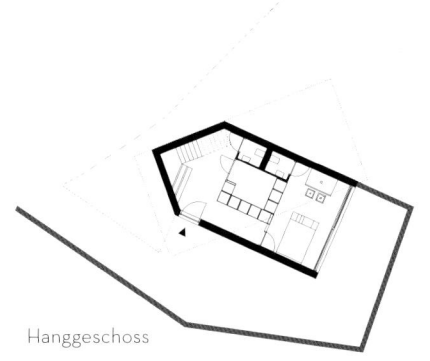

Hanggeschoss

Gebäudedaten

Grundstücksgröße: 295,5 m²
Wohnfläche: 100 m²
Anzahl der Bewohner: 1–2
Bauweise: Stahlbeton (Untergeschoss), vorgefertigte Holzrahmenkonstruktion (Erdgeschoss)
Fertigstellung: 2012

LICHTGESTALT AM HANG

Haus F in Esslingen

Finckh Architekten

Schwierige Grundstücke erfordern besondere Lösungen, zumal gängige Hausformen und Grundrisstypologien hier meist nicht funktionieren. So war es auch in diesem Fall: Die extrem steile, schmale Parzelle an einem Südhang oberhalb von Esslingen wurde früher als Zufahrtsstraße genutzt und galt als unbebaubar – bis der Architekt Thomas Finckh darauf sein neues Familiendomizil errichtete.

Sein Haus schiebt sich als langer, viergeschossiger Riegel tief in den Hang hinein und macht sich so schmal wie möglich: Die Abstandsregeln ergaben eine zulässige Gebäudebreite von maximal 4,70 Metern. Massive Außenwände hätten den Innenraum noch weiter eingeengt und kamen daher nicht in Betracht. Stattdessen entschied sich Finckh für eine effizientere, flächensparende Konstruktion. Eine Tragstruktur aus filigranen Sichtbetonscheiben gliedert die Räume und ist mit dünnen, vorgehängten Fassadenelementen verkleidet. Transparente Glasfronten öffnen das Gebäude an den schmalen Traufseiten zum Garten im Norden und zur schönen Aussicht über das Neckartal im Süden. Die langen Giebelseiten hingegen bestehen aus nur 6 Zentimeter dünnen, hochdämmenden transluzenten Polykarbonatplatten. Diese opake Dämmfassade erwärmt und belichtet das Haus auf natürliche Weise und schirmt es zudem gegen Blicke ab.

Auch der Grundriss ist äußerst ökonomisch organisiert. Im Hanggeschoss fand neben dem Keller noch eine Einliegerwohnung Platz, die anderen drei Etagen bewohnt die Architektenfamilie. Kinder- und Gästezimmer liegen auf der Eingangsebene, von der aus eine geländerlose Stahltreppe direkt in den offenen Wohn-, Koch und Essbereich führt. Im Dachgeschoss haben die Eltern ihre private Rückzugszone.

Wenige Farben und Materialien prägen das Interieur: Wände und Decken aus Sichtbeton, durchgängiger Estrichboden sowie maßgefertigte Einbauten mit glatten weißen Oberflächen bringen Ruhe in die Räume und lassen sie optisch größer wirken.

1 Auch kleine, schwierige Parzellen können für großzügiges Wohnen taugen, wie dieses Familiendomizil beweist. Glasfronten öffnen das Haus an den schmalen Traufseiten, transluzente Polycarbonatplatten holen über die Giebelwände zusätzliches Licht ins Innere.

1 Wohn-, Koch- und Essbereich gehen im Obergeschoss offen ineinander über und werden nur durch die Treppe im Zentrum optisch gegliedert. Ein Luftraum stellt den Sichtkontakt zur Elternebene im Dachgeschoss her.

2 Die filigrane Stahltreppe sorgt für Transparenz und stört den Raumfluss nicht. Die Beleuchtungselemente sind in die Architektur integriert und erzeugen auf Knopfdruck wechselnde Lichtstimmungen.

3 Maßgefertigte Einbauten mit glatten weißen Oberflächen tragen zum puristischen Erscheinungsbild des Interieurs bei. Auch die Küchenzeile fügt sich in das monochrome Gestaltungskonzept ein.

4 Beton an Boden, Wand und Decke sowie der Wechsel von transluzenten und transparenten Flächen bestimmen den Raumeindruck im ganzen Haus. Die Lounge im Obergeschoss orientiert sich zur schönen Aussicht im Süden.

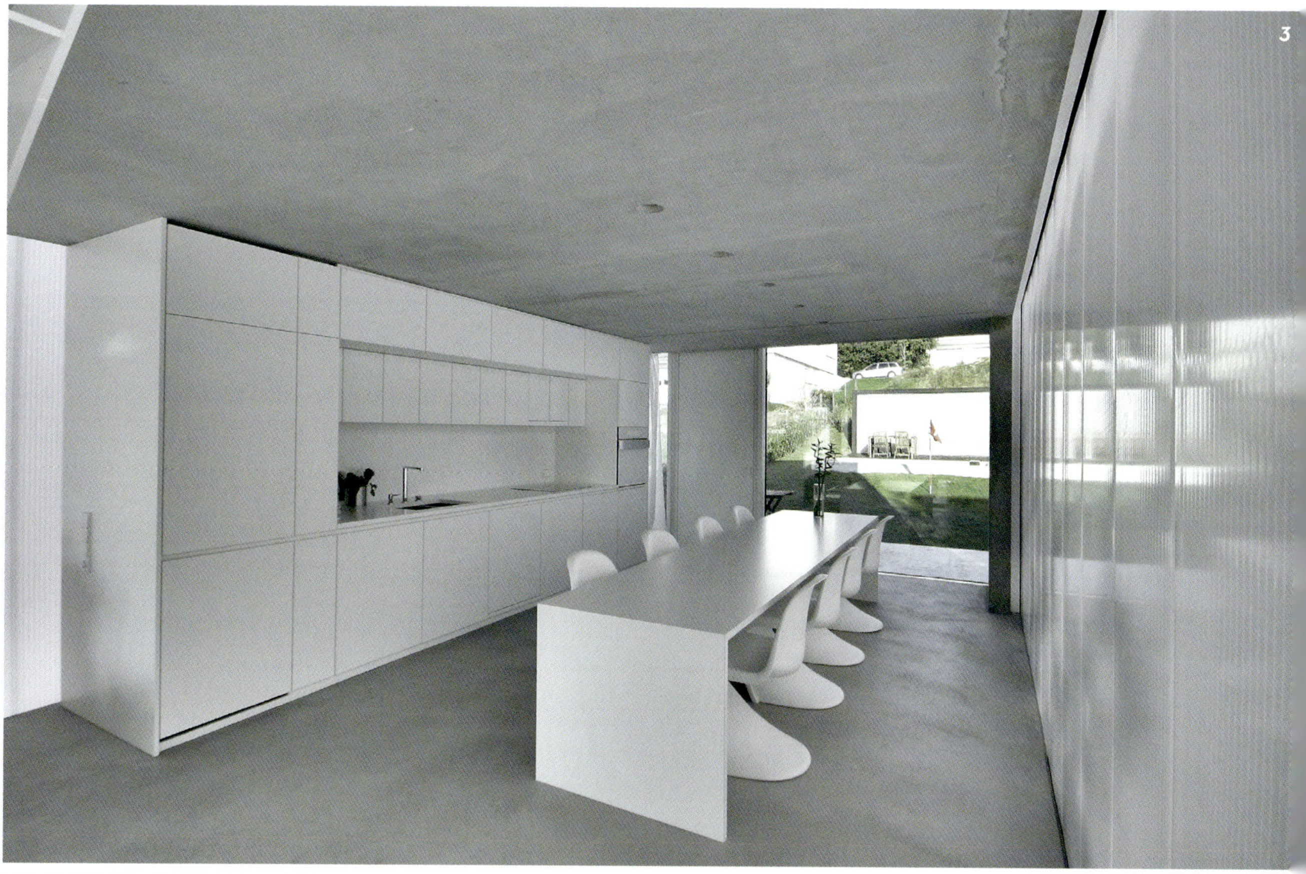

3

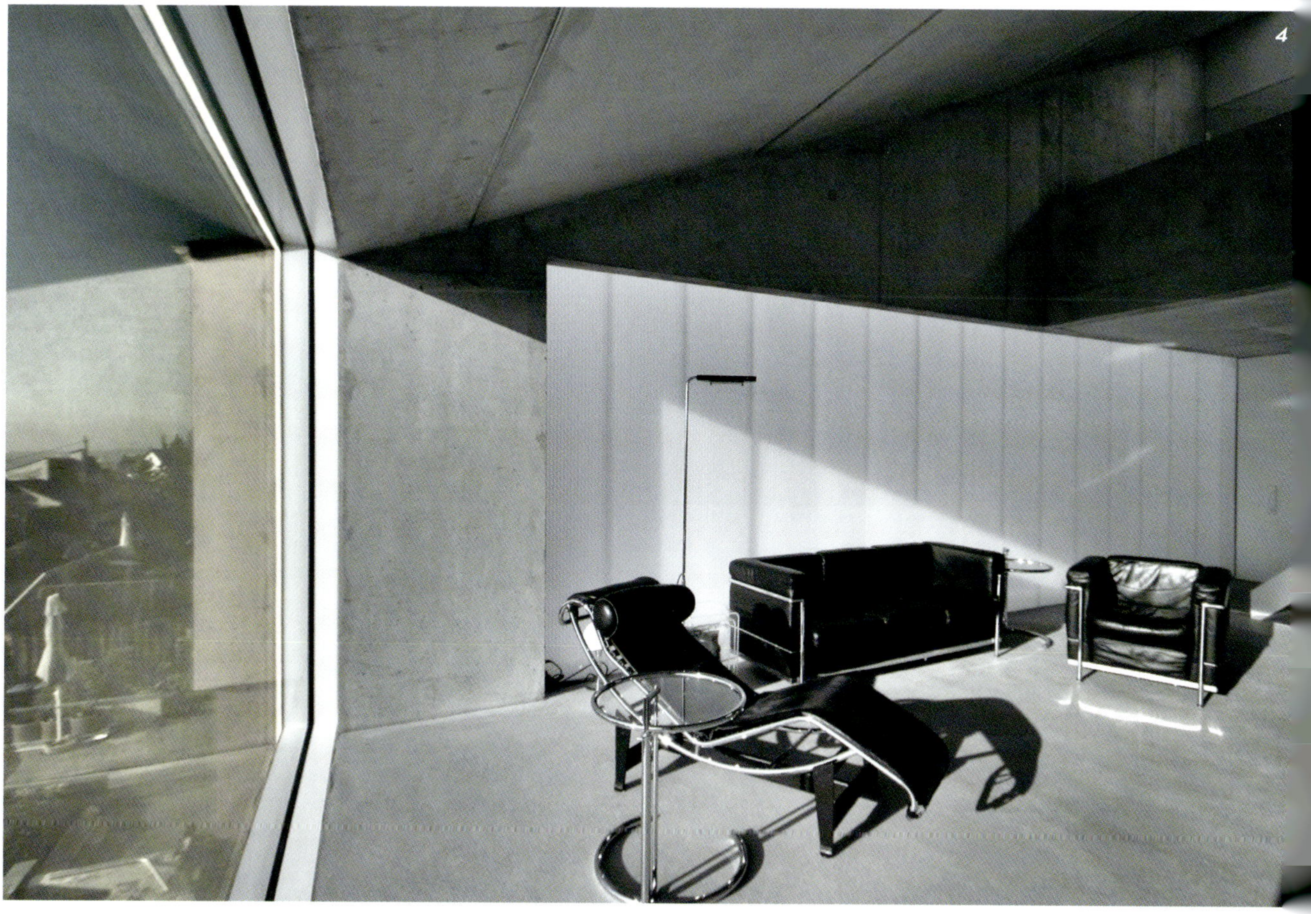

4

1 Im Norden tritt das Haus nur zweigeschossig aus dem Gelände hervor. Eine Terrassenplattform gleicht das Gefälle des Hanges aus und erweitert die Wohnfläche ins Freie. Neben den Festverglasungen sind Lüftungsflügel eingebaut.

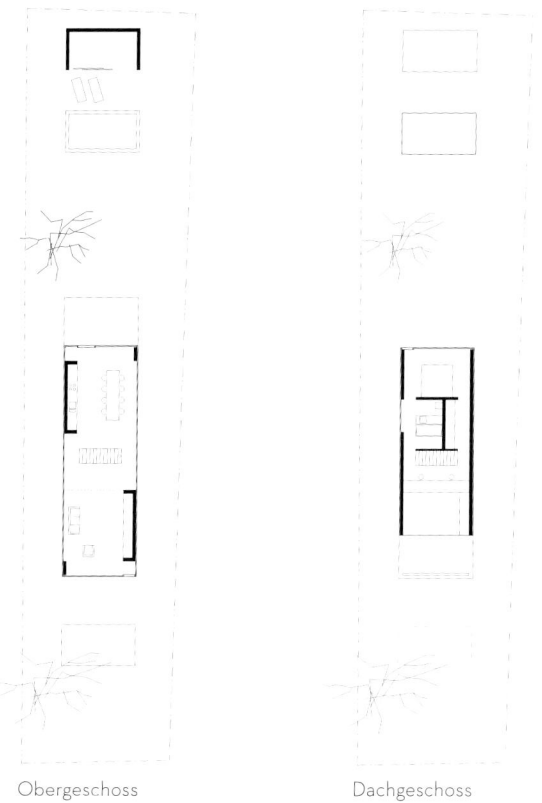

Obergeschoss · Dachgeschoss

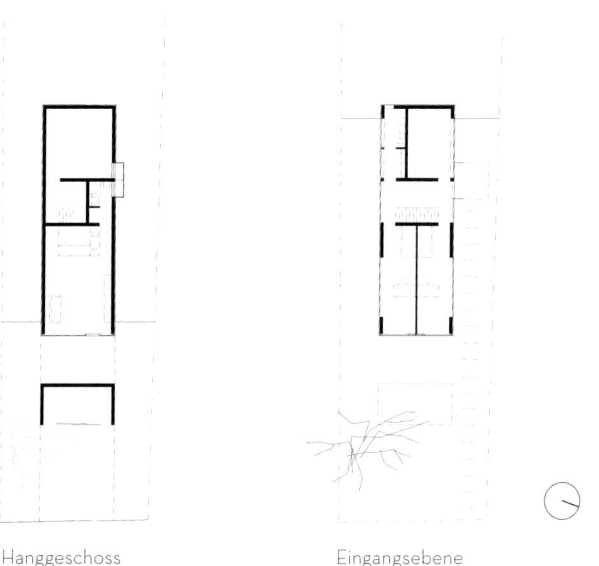

Hanggeschoss · Eingangsebene

Thomas Sixt Finckh

》 Das extrem schmale und steile Grundstück bot uns eine tolle Herausforderung, innovativ und experimentell zu arbeiten. 《

Gebäudedaten

Grundstücksgröße: 456 m²
Wohn- und Nutzfläche: 147 m²
Einliegerwohnung: 35 m²
Anzahl der Bewohner: 5
Bauweise: massiv, Sichtbetonskelettbau
Baukosten gesamt: 289.000 € (mit Einbauten)
Fertigstellung: 2012

DER WÜRFEL IST GEFALLEN

Stripe House in Leiden (Niederlande)

Gaaga Studio for Architecture

Im niederländischen Leiden ist in den vergangenen Jahren auf einem ehemaligen Industrieareal ein Wohngebiet entstanden, das ganz auf lebendige Vielfalt setzt: Auf kleinen rasterartigen Parzellen, doch mit großen gestalterischen Freiräumen konnten sich private Bauherren ihren Traum vom Eigenheim verwirklichen. Der Wunsch nach Individualität zeigt sich vor allem an den Fassaden, einem bunten Farb-, Stil- und Materialmix.

Wesentlich dezenter wirkt das Domizil des Architektenpaars Esther Stevelink und Arie Bergsma auf einem exponierten Eckgrundstück: ein schlichter, würfelförmiger Bau, dessen hellbeige Fronten von wenigen großformatigen Öffnungen durchbrochen werden. Auf eine persönliche Note wollten die Bauherren allerdings auch nicht ganz verzichten. In den noch weichen Putz ließen sie daher ein horizontales Rillenmuster einkerben, dem das Stripe House seinen Namen verdankt.

Mit kluger Planung und einem straff organisierten Grundriss gelang es den Architekten, auf dem nur 95 Quadratmeter großen Grundstück ein großzügiges Stadthaus entstehen zu lassen, das Wohnen und Arbeiten unter einem Dach vereint. Dabei haben sie das Areal nicht einmal komplett überbaut: Auf der Westseite rückt das Haus hinter die Gehwegkante zurück und schafft Platz für einen baumbestandenen Patio, der als Zugangshof und Minigarten dient.

Das Raumprogramm verteilt sich auf drei Etagen. In der Eingangsebene liegt das Architekturbüro, im Obergeschoss der offene Wohn-, Koch- und Essbereich. Zwei Schlafzimmer und das Bad sind im zweiten Stock untergebracht. Die Verkehrsflächen sind auf ein Minimum reduziert, wandintegrierte Schränke und platzsparende Einbauten bieten überall viel Stauraum. Wenige Farben und Materialien sowie die dezente Möblierung lassen das Interieur optisch größer wirken. Zur lichten Atmosphäre tragen vor allem die großen Panoramafenster bei sowie ein – hier fast verschwenderisch anmutender – 5,50 Meter hoher Luftraum über der Küchenzeile.

1 Das Stadthaus fügt sich als schlichter Kubus in die Häuserzeile ein und fällt doch aus der Reihe: Ein vorgelagerter Innenhof schafft Distanz zur Straße, umlaufende horizontale Rillen strukturieren die helle Putzfassade.

1

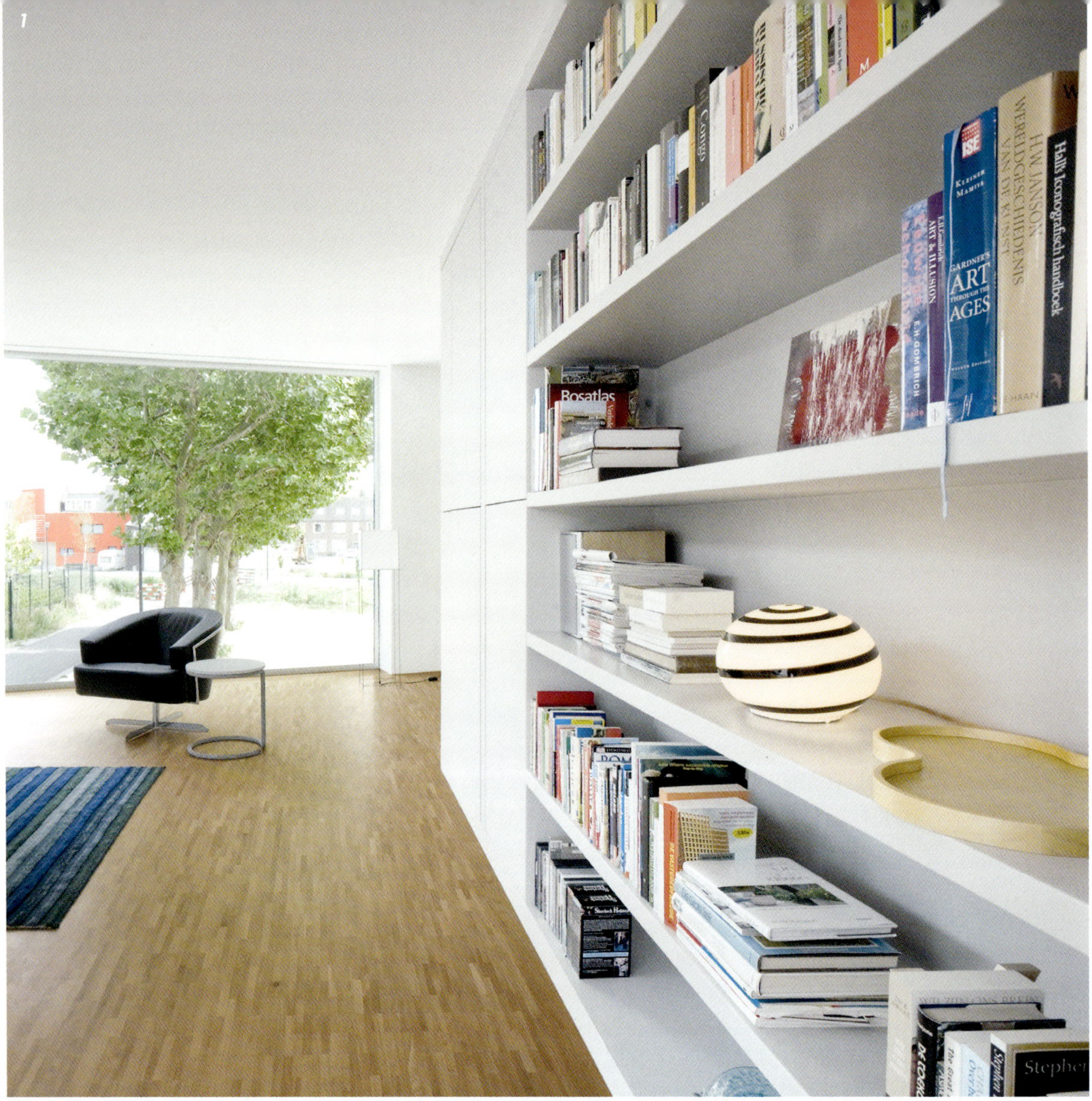
Bosatlas
Congo
H.W. JANSON
WERELDGESCHIEDENIS VAN DE KUNST
Hall's Iconografisch handboek
GARDNER'S
ART
THROUGH THE
AGES
ART & ILLUSION
E.H. GOMBRICH
ISE
Stephen

2

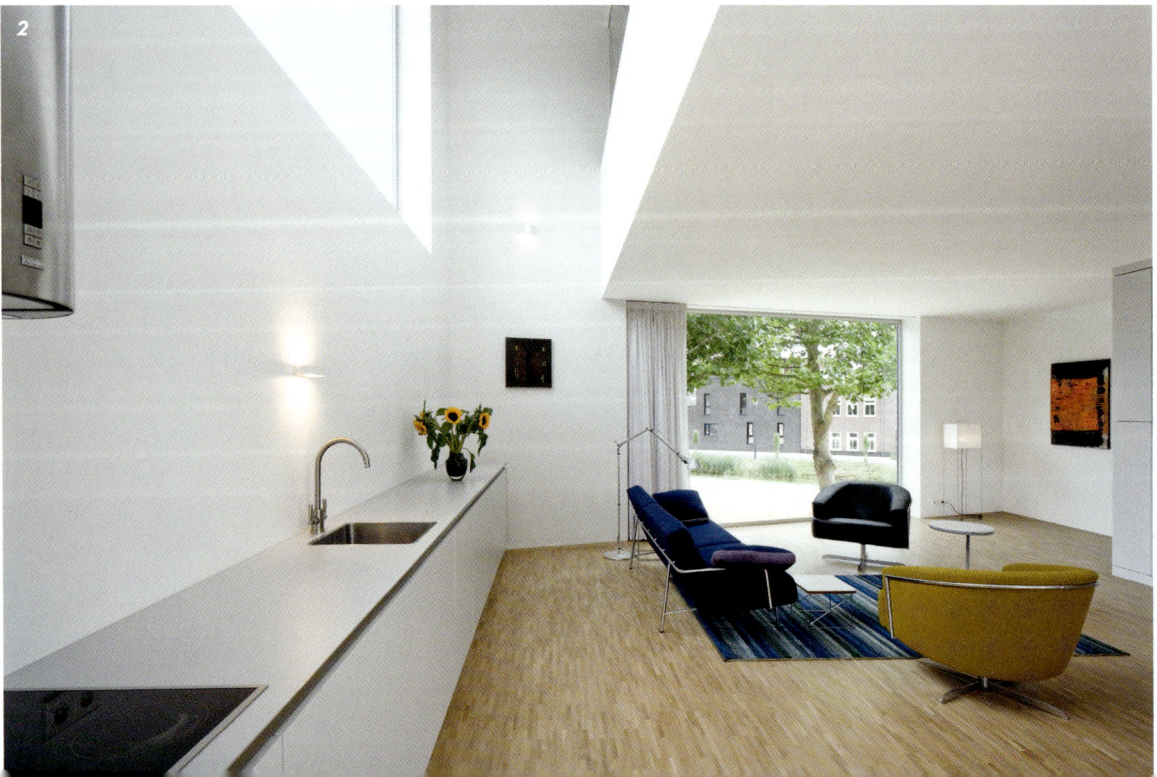

1 Schöne Aussichten ins Grüne bietet der Wohnbereich im ersten Obergeschoss, der sich auf den Quartierspark orientiert. Der Eichenholzboden bildet einen warmtonigen Kontrast zum vorwiegend in Weiß gehaltenen Interieur.

2 Große Fenster holen das Tageslicht von allen Seiten herein und lassen das Innere hell und weit wirken. Auf der Nordseite vermittelt ein 5,50 Meter hoher Luftraum über der Küchenzeile Großzügigkeit.

3 Eine durchlaufende Glasfront erhellt das Schlafzimmer im zweiten Obergeschoss. Der rote Klappladen sorgt für einen fröhlich-bunten Farbakzent.

4 Der Schlaftrakt hält über den Luftraum Sichtkontakt mit der Wohnebene – und ermöglicht den Hausbewohnern die Kommunikation auf kürzestem Weg.

1 *Das Stripe House liegt inmitten eines dicht bebauten neuen Wohnquartiers. Das gesamte Areal wurde nach einem streng geometrischen Raster in kleine Parzellen mit dazwischenliegenden Straßen und Fußgängerwegen aufgeteilt.*

2 *Der kleine Patio auf der Westseite ist sichtgeschütztes Refugium, Freiluftzimmer und Zugangsbereich zugleich. Das angrenzende Büro lässt sich auch direkt vom Innenhof aus betreten.*

Arie Bergsma und Esther Stevelink, Gaaga Studio for Architecture

» Der kleine Innenhof bietet uns einen sichtgeschützten privaten Freiraum und lässt ein Gefühl von Offenheit und Weite innerhalb der dichten Bebauung entstehen. «

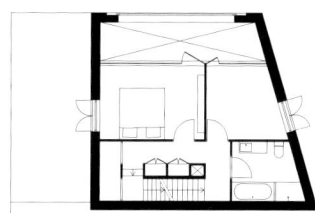

2. Obergeschoss

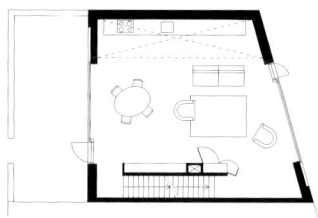

1. Obergeschoss

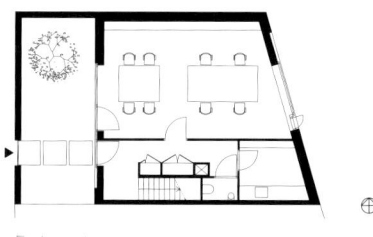

Erdgeschoss

Gebäudedaten

Grundstücksgröße: 95 m²
Wohnfläche: 114 m²
Zusätzliche Nutzfläche: 48 m²
Anzahl der Bewohner: 2
Bauweise: Kalksandstein, Mauerwerk
Baukosten gesamt: 305.000 €
Fertigstellung: 2012

URBANE DYNAMIK
V-Haus in Leiden (Niederlande)

Gaaga Studio for Architecture

Mit einer kecken Geste setzt sich das Wohnhaus von seinen Nachbarn in der Häuserzeile des Neubaugebiets im niederländischen Leiden ab: Ein V-förmiges Dach schneidet den Baukörper ein und stellt das übliche Giebeldach einfach auf den Kopf. Die frische Dynamik, die so entsteht, setzt sich im Inneren fort.

Die Architekten von Gaaga Studio for Architecture nutzten das Baugrundstück mit nur 9 Metern Breite und 16 Metern Tiefe für ein Wohnhaus auf quadratischem Grundriss. Die Innenräume des Single-Domizils mit insgesamt 108 Quadratmetern Wohnfläche öffnen sich rückseitig zu einem kleinen Garten. Durch unterschiedliche Deckenhöhen entsteht eine aufgelockerte Wohnlandschaft mit spannungsreichen Räumen. Gleich neben dem Eingangsbereich im Erdgeschoss dehnt sich ein hoher Luftraum bis unter das Holzdach. Das großzügige Entree verschränkt die beiden Stockwerke des Hauses miteinander und bedingt den L-förmigen Grundriss der Wohnflächen. Entsprechend der Achse der tiefgelegenen Dachkehle befinden sich die Erschließungszonen in der Mitte des Grundrisses. An den zentralen Flur gliedern sich zwei Schlafzimmer und ein Bad an. Westlich der Treppe erstreckt sich ein hoher, vielfach nutzbarer Raum über die gesamte Tiefe des Hauses bis zur Gartenseite.

Mit Deckenhöhen bis zu knapp über 4 Metern verbindet das Obergeschoss Küche, Wohn- und Essbereich zu einem offenen Raum unter dem Dach. Dabei gliedern die mittige Treppe und der Knickpunkt der holzverkleideten Dachfläche den Wohnbereich in zwei optisch voneinander getrennte Zonen. Auf der Westseite liegt die Küche – mit Blick über eine weiß verputzte Brüstung durch den Luftraum in das Erdgeschoss. Ihr ordnet sich ein Essbereich zu, der nahtlos in den straßenseitigen Wohnraum übergeht. Ausblicke durch große Fenster auf die Gartenseite geben dem kompakten Raum eine heitere Stimmung, die von der Belichtung unterschiedlicher Zonen im Lauf des Tages lebt.

1 *Anders als seine Nachbarn kehrt das Single-Haus die Giebeldachstruktur einfach um. Der V-förmige Einschnitt gibt der Fassade ein ungewöhnliches, dynamisches Gesicht. Die Fenster und die gläserne Eingangstür lassen keine Rückschlüsse auf die Raumaufteilung im Inneren zu.*

1 Unter dem holzverkleideten Dachstuhl im Obergeschoss breitet sich ein durchgängiger Raum aus, der sich von der Straßen- bis zur Gartenseite erstreckt. Die einzelnen Zonen sind dabei um die mittige Treppe und den Knickpunkt der Dachflächen gruppiert.

2 Im gesamten Haus sind Natursteinplatten auf den Böden verlegt. Die Treppe greift mit ihren Holzstufen das Material der Dachverkleidung auf.

3 Weiße Putzflächen und Holz geben den Grundton der offenen Wohnlandschaft an. Trotz überschaubarer Flächen entsteht ein spannungsreiches Ensemble unterschiedlicher, ineinander übergehender Zonen.

Arie Bergsma und Esther Stevelink, Gaaga Studio for Architecture

» Besonders der große Erdgeschossraum hat sich als vorteilhaft erwiesen, weil er flexibel genutzt werden kann. «

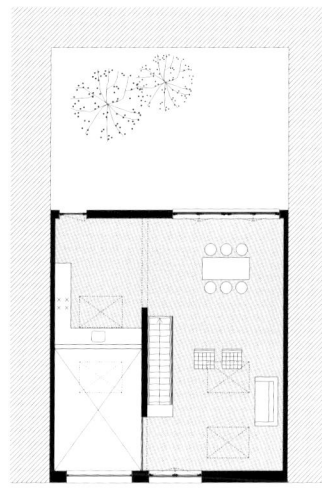
Obergeschoss

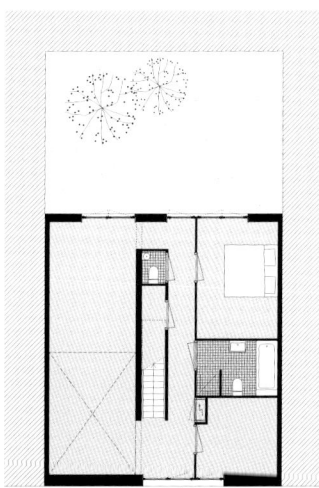
Erdgeschoss

Gebäudedaten

Grundstücksgröße: 144 m²
Wohnfläche: 108 m²
Zusätzliche Nutzfläche: 39 m²
Anzahl der Bewohner: 1
Bauweise: Betondecken und -böden mit Kalksandsteinfassade
Baukosten gesamt: 211.200 €
Fertigstellung: 2010

FAMILIÄRE WOHNLANDSCHAFT

Einfamilienhaus in Düsseldorf

Geitner Architekten

Wie ein dunkler Monolith schiebt sich der Neubau zwischen die parkähnlichen Grundstücke im Düsseldorfer Norden. Seine Fassade schillert mal silbergrau, mal in dunklem Anthrazit. Das Satteldach des Quaders führt seine Farbigkeit bis zum Dachfirst fort. Nur das kräftige Grün des Eingangsbereichs setzt einen Akzent in der dunklen Außenhülle.

Die Düsseldorfer Architektin Leona Geitner konzipierte gemeinsam mit ihrem Mann Andreas Geitner ein kompaktes Familiendomizil, das auf insgesamt 218 Quadratmetern Wohnfläche viele Qualitäten vereint. Ökologische Überlegungen haben bei der Planung des Holzhauses ebenso eine Rolle gespielt wie die Baukosten und der Grundriss, der exakt auf den Alltag der Architektenfamilie mit zwei Kindern ausgerichtet ist. Auf der Gartenseite ist die Außenhülle durch eine Dachgaube, Fenster mit filigranen Rahmen und ein transparentes Erdgeschoss aufgelockert. Die weitgehend geschlossene südöstliche Längsseite hingegen schirmt die Innenräume von der Straße ab.

Das Erdgeschoss ist über die gesamte Grundfläche in eine offene Raumkonstellation mit Küche, Wohnzimmer und Essbereich gefasst. Mit durchgängig raumhoher Verglasung öffnet sich die Etage zum Garten. Einheitliche weiße Fließzementböden und helle Einbaumöbel aus weiß gelaugtem Nadelholzfurnier unterstützen die luftige Atmosphäre des zentralen Wohnbereichs und bilden einen Kontrast zur dunklen Außenhülle.

Die Obergeschosse konzipierte Leona Geitner als private Rückzugsräume. Der Luftraum des schnurgeraden Flurs verzahnt das Stockwerk mit dem Dachgeschoss und lässt Blickbeziehungen durch die Etagen entstehen. Unter dem Dach münden die weiß gelaugten Holzdielen der offenen Treppe in einen Galerieraum, der als Bibliothek und an den Wochenenden auch von den Kindern zum Spielen genutzt wird. Unter dem Dreiecksgiebel im Südwesten befindet sich ein separates Gästezimmer. Der Arbeitsbereich im Nordosten hingegen ist als offene Zone in den Luftraum gestellt.

__1__ Fenster in unterschiedlichen Formaten lockern die dunkle sägeraue Holzfassade zur Gartenseite hin auf. Das Erdgeschoss ist durchgängig verglast und erweitert die Wohnfläche nach außen.

1 Der erste Stock mit den Kinderzimmern und dem Elternschlafzimmer ist über einen Luftraum mit dem Dachgeschoss verbunden. Durch das Fensterband der Dachgaube fällt Licht in den offenen Bibliotheksbereich.

2+3 Auf der Treppe und in den oberen Etagen sind weiß gelaugte Nadelholzdielen verlegt. Das Gästezimmer an der südwestlichen Giebelseite erhält durch ein Dachfenster zusätzliches Licht.

4+5 Essen, Wohnen und Spielen sind zu einem großzügigen Wohnbereich zusammengefasst. Schlichte und kostengünstige Materialien wie der durchgehende Fließzementboden geben dem Erdgeschoss einen ruhigen Charakter.

1

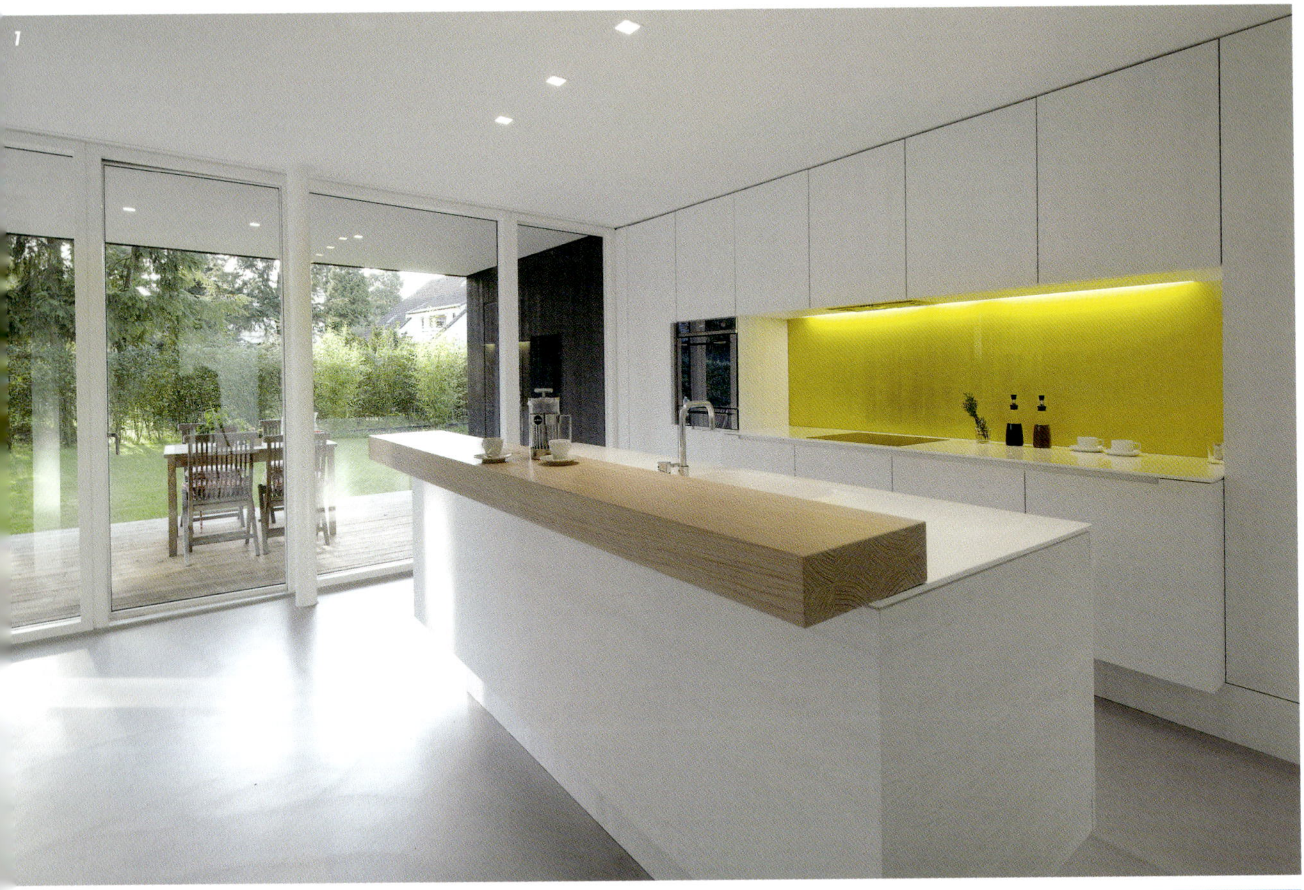

2

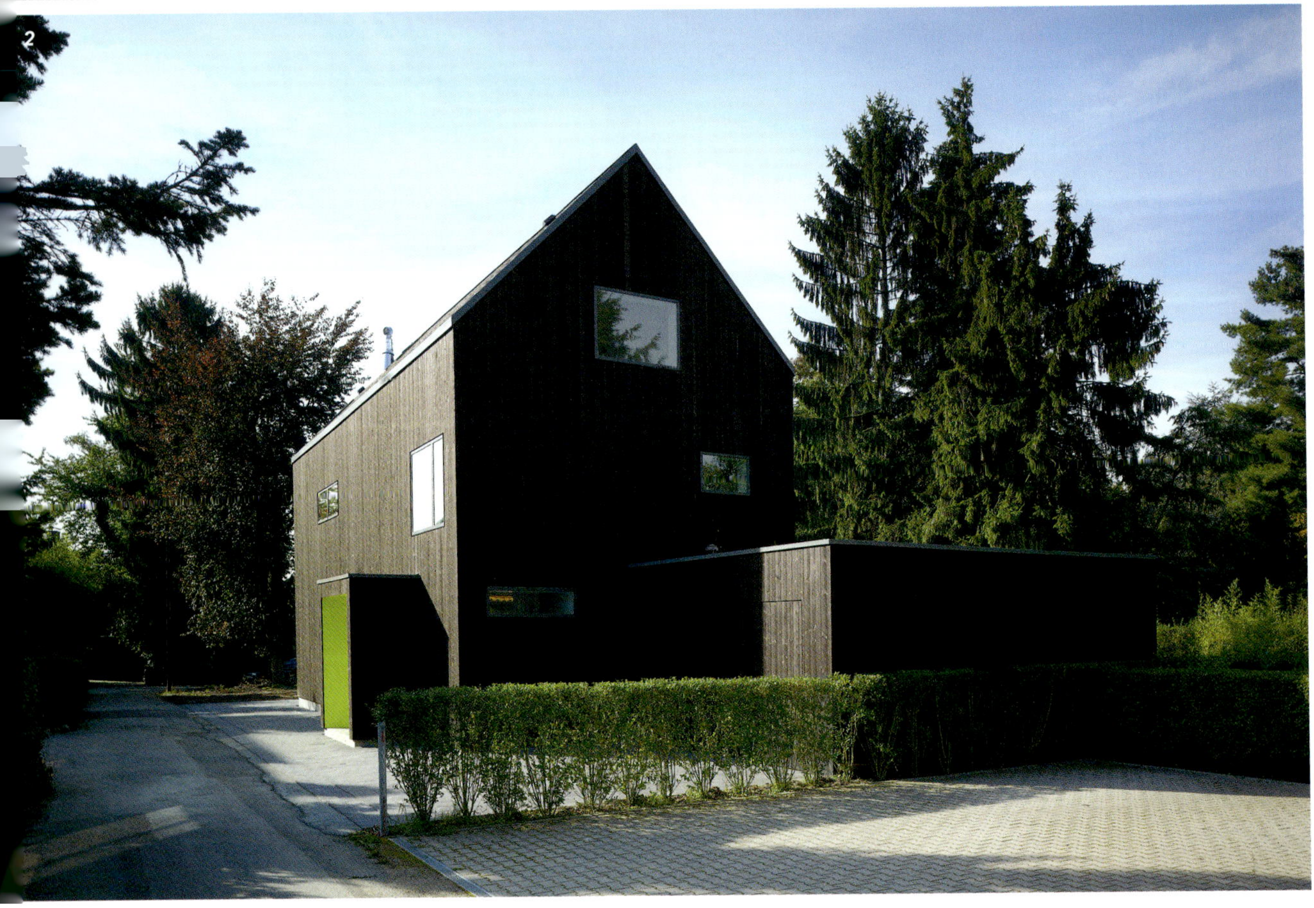

1 Oberflächen aus weiß gelaugtem Nadelholzfurnier werten die schlichten Küchenschränke auf.

2 Zur Straßenseite zeigt sich der klare, zweigeschossige Baukörper mit Satteldach als weitgehend geschlossener Monolith. Im Norden ergänzt ihn ein Garagenanbau.

Leona und Andreas Geitner

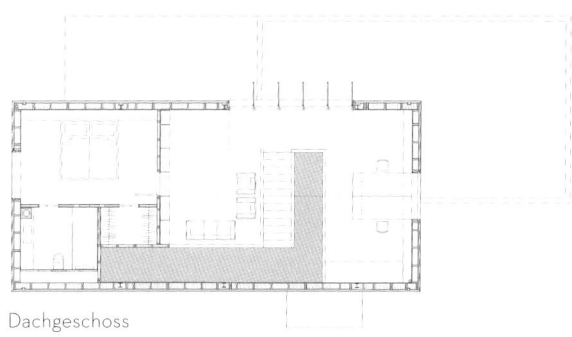

Dachgeschoss

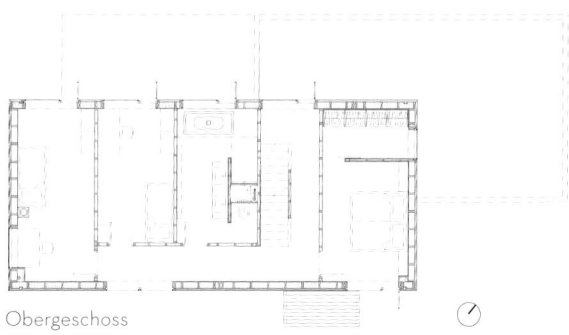

Obergeschoss

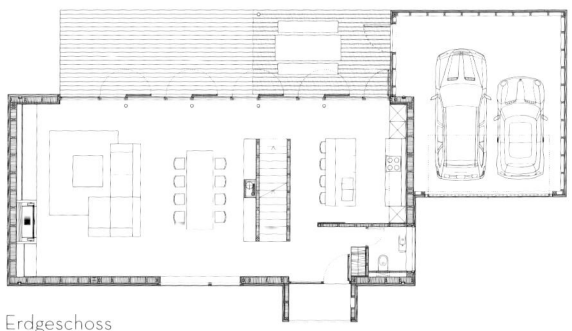

Erdgeschoss

》 An der Küchentheke sitzen zum Frühstück die Kinder und am Wochenende auch gerne unsere Freunde. Die Büroetage mit offenem Luftraum und Bibliothek ist einer der schönsten Plätze im Haus. 《

Gebäudedaten

Grundstücksgröße: 521 m²
Wohnfläche: 218 m²
Zusätzliche Nutzfläche: 112 m²
Anzahl der Bewohner: 4
Bauweise: Holzrahmenkonstruktion
Baukosten gesamt: 386.000 €
Fertigstellung: 2010

ZEITLOS SCHÖN

Sanierung und Umbau eines Wohnhauses in Köln

Johannes Götz und Guido Lohmann

Der Kölner Stadtteil Weiden mit seiner historischen, teils denkmalgeschützten Bausubstanz ist als Wohnviertel sehr beliebt. Auch den Architekten Johannes Götz und seine Frau zog es hierher. Als die beiden ihr Haus aus dem Jahr 1913 erwarben, war es zwar gut erhalten – doch hatten etliche lieblose An- und Umbauten seinen ursprünglichen Charme fast völlig zerstört: Die Eingangstreppe war verbreitert und mit einem brachialen Aluminiumdach überdeckt worden. Auf der Gartenseite hatte ein klobiger Anbau das frühere Wohnzimmer zu einem innen liegenden, schlecht belichteten Durchgangsraum degradiert. Und die Holzfenster mit Klappläden waren durch pflegeleichte Kunststofffenster und Rollladenkästen ersetzt worden.

Mit behutsamen Eingriffen in die Substanz gelang es Johannes Götz und seiner Projektleiterin Nina Mampel, das Haus wieder auf sein wohl proportioniertes Erscheinungsbild zurückzuführen. Dabei orientierten sich die Planer am Maßstab und Formenvokabular des Bestands. Heute entspricht die Eingangstreppe wieder ihren früheren Abmessungen, auch das Vordach hält sich dezent zurück. Mit den neuen Holzfenstern wurde die einstige Teilung wiederhergestellt, die Läden wurden ergänzt. Wieder stimmig in ihren Proportionen wirkt auch die Gartenfassade: Die ehemalige Wohnraumerweiterung wurde zu einer Loggia zurückgebaut.

Der Grundriss hingegen blieb nahezu unverändert: Im Hochparterre befindet sich die repräsentative Beletage, im Obergeschoss liegen die privaten Rückzugsräume. Wohn- und Essbereich bilden eine offene Raumfolge, die nun auch mit dem Kaminzimmer an der Straße verbunden ist. Das ganze Haus ist wieder weitestgehend mit originalen Materialien ausgestattet. Das Augenfälligste aber sind die ausgefeilten Details und handwerklich perfekten Einbauten, die viel über die planerische Sorgfalt des Architekten verraten – und dem Haus seine gelassene Eleganz und seinen noblen Charakter zurückgeben.

1 *Von allen Bausünden vergangener Jahre befreit präsentiert sich das 1913 errichtete Wohnhaus nach seiner Sanierung. Die Sockelzone ist klar gegliedert, die nachträglichen Erweiterungen wurden zu einer Loggia zurückgebaut, die den Garten an das Haus anbindet.*

1 Eine klare Linie verfolgte der Architekt auch bei der Gestaltung des Interieurs, das durch edles Understatement und handwerklich perfekten Ausbau besticht. Der Wohnbereich im Hochparterre orientiert sich zur Straße. Ein neuer Durchgang führt ins Kaminzimmer.

2 Die Raumaufteilung blieb unverändert, Wohn- und Esszimmer liegen in einer Achse, verbunden durch eine breite Flügeltür. Die Stuckdecken waren noch original erhalten, der Eichenparkettboden hingegen musste erneuert werden.

3 Die Eingangshalle ist wieder zum repräsentativen Empfangsraum geworden, die alte Holztreppe wurde rekonstruiert. Die kassettierte Decke und der Terrazzoboden stammen noch aus der Erbauungszeit.

1 Wieder stimmig in ihren Proportionen wirkt die renovierte Straßenfassade mit geteilten Holzfenstern und Klappläden. Der Zugangsbereich wird durch zwei massive Pfeiler und eine niedrige Betonmauer räumlich gefasst.

2 Auch der Eingang wurde neu gestaltet und übernimmt den Maßstab und die Formensprache des Hauses. Die Tür ist historischen Vorbildern nachempfunden.

3 Die Loggia auf der Westseite lässt eine überdachte Übergangszone entstehen und dient als wind- und wettergeschützter Freisitz. Über eine neue Betontreppe gelangt man in den Garten.

Johannes Götz und
Guido Lohmann

» Das Haus verleugnet weder in Aussehen noch Charakter seine Herkunft, doch es ist keine Rekonstruktion. Vielmehr kommt sein Umbau einer Rehabilitierung gleich. «

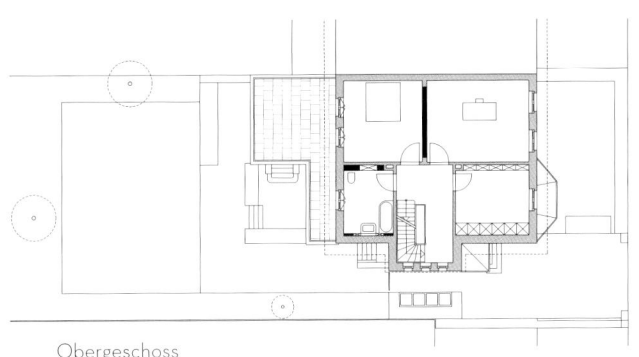

Obergeschoss

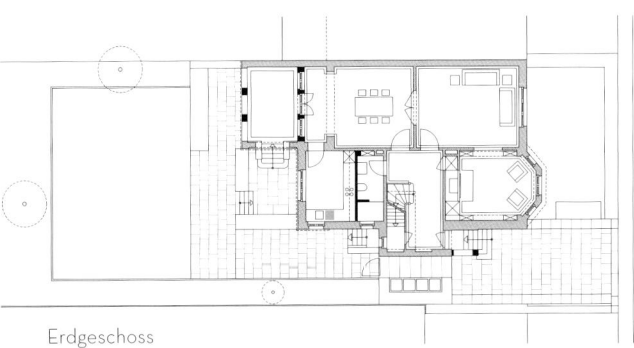

Erdgeschoss

Gebäudedaten

Grundstücksgröße: 398 m²
Wohnfläche vorher/nachher: 230 m²/220 m²
Zusätzliche Nutzfläche: 88 m²
Anzahl der Bewohner: 2
Bauweise: Ziegelmauerwerk mit Putzfassade, Sockelzone klassischer Steinputz
Baujahr Bestand: 1913
Fertigstellung Umbau: 2013

ALPINE WOHNLANDSCHAFT

Holzschindelhaus im Bregenzerwald (Österreich)

Haller Plattner Architekten

Atemberaubende Ausblicke in die Bergwelt gehören im Bregenzerwald zum Alltag. Um das Panorama mit Obstbäumen und Felsmassiven jeden Tag zu erleben, wünschte sich die junge Bauherrenfamilie ein Einfamilienhaus, das sich in die Landschaft fügt, die Traditionen der Region aufgreift und gleichzeitig den Anforderungen des Familienalltags gerecht wird. Nach diesen Vorgaben planten die Architekten Jürgen Haller und Peter Plattner am Rand von Mellau, gleich neben dem naturgeschützten Moor am Dorfrand, ein kompaktes Holzschindelhaus mit Satteldach. Der Baukörper reiht sich zwischen die benachbarten Holzschuppen und Bauernhöfe. Das Bergmassiv der Kanisfluh rahmt die Szenerie und ist auch in den Innenräumen präsent.

Mit Bedacht auf die natürlichen Ressourcen im Bregenzerwald ist das Haus in Holzriegelbauweise errichtet. Seine Weißtannenschindeln legen sich wie Schuppen über die Fassaden. Mit den Jahren wird der kompakte zweigeschossige Baukörper Patina ansetzen und sein Gesicht mit den Jahreszeiten verändern. Küche und Wohnzimmer im Erdgeschoss sind zu einer durchgängigen Fläche zusammengefasst. »Schon beim Frühstück lächeln die ersten Sonnenstrahlen zwischen den Bergspitzen hervor«, so die Bauherrin. Der Fernsehbereich im Norden lässt sich je nach Bedarf durch eine Schiebetür von den Gemeinschaftszonen trennen. Besonders im Winter, wenn hinter dem Sichtglas des Holzofens das Feuer lodert, vermitteln die rundherum mit Weißtanne ausgekleideten Räume eine Atmosphäre der Geborgenheit. Das große Sitzfenster in der Küche ist der Lieblingsplatz des Sohns. Er nutzt die niedrige Fensterbank zum Spielen und behält von hier aus das Geschehen rund um das Haus im Blick.

Das Obergeschoss mit den Schlafzimmern und einem Gästezimmer ergänzt die Gemeinschaftszonen auf insgesamt 208 Quadratmeter Wohnfläche. Zwei Loggien öffnen den zentralen Flur samt den angrenzenden Rückzugsräumen nach draußen auf die umliegende Bergwelt.

1 Vor der malerischen Bergkulisse reiht sich der kompakte Baukörper in die Landschaft des Bregenzerwaldes ein. Seine Fassaden sind mit Holzschindeln verkleidet, die aus den nachwachsenden Ressourcen der umliegenden Wälder stammen.

1 Zeitlos und einfach ist die große Wohnküche des Hauses konzipiert. Die weißen Küchenschränke sind Teil eines durchgängigen Möbelkonzepts, das auf gerade Linien und klare Formen setzt und gleichzeitig viel Stauraum bietet.

2 Das Landschaftspanorama ist auch im Inneren des Hauses überall präsent. Große, raumhohe Fensterflächen geben den zentralen Gemeinschaftsflächen eine großzügige Atmosphäre.

3 Reduziert und luftig ist die Treppe zu den Privatbereichen im Obergeschoss gehalten. Auch die Erschließungsflächen im ersten Stock sind durch ihre Raumhöhe großzügig konzipiert und können vielseitig genutzt werden.

4 Das Sitzfenster im Essbereich ist der Lieblingsplatz des Sohnes. Es lässt sich nicht nur als Aussichtsplattform, sondern auch als Spielzone nutzen.

1 Am Rand von Mellau im Hinterwald gelegen, reiht sich das neue Satteldachhaus in seine Umgebung mit alten Bauernhäusern und Holzschuppen ein.

2 Schränke, Decken und Wände des Schlafzimmers sind mit Holz vertäfelt, das im gesamten Haus für sinnliche Qualität sorgt und eine geborgene Stimmung verbreitet.

Jürgen Haller und Peter Plattner

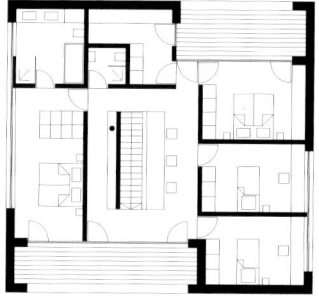

Obergeschoss

Erdgeschoss

» Die Allgemeinräume im Erdgeschoss lassen sich bei Bedarf einzeln von den Gemeinschaftsflächen abtrennen. So entstehen vielfältige Rückzugs- und Funktionsmöglichkeiten. «

Gebäudedaten

Grundstücksgröße: 839 m²
Wohnfläche: 208 m²
Zusätzliche Nutzfläche: 161 m²
Anzahl der Bewohner: 3
Bauweise: massiver Stahlbeton (Keller), Holzbauweise (Obergeschosse)
Baukosten gesamt: 450.000 €
Fertigstellung: 2011

SCHWEBENDE HOLZSCHATULLE

Einfamilienhaus im Schwarzwald

Harter + Kanzler Architekten

Für die Freiburger Architekten Ludwig Harter und Ingolf Kanzler sind sorgfältig geplante Details unverzichtbar. Ihr Entwurf für das Einfamilienhaus in Hausach im Kinzigtal setzt diesen Vorsatz facettenreich um. Ein Sockel hebt das Haus vom Boden ab, sodass es zu schweben scheint. Wie eine makellose Haut legt sich die vorgehängte Fassade aus Holzlamellen um das kompakte Volumen. Das Nadelholz ist mit ölhaltiger Farbe deckend weiß gestrichen und lässt den Baukörper wie einen Monolithen wirken. Am westseitigen Wohnzimmerfenster sind die vertikalen Lamellen in größeren Abständen übereck geführt, sodass sich Licht und Schatten im Innenraum abwechseln. Eine Treppe aus gefaltetem Stahl markiert den Eingang an der Ostseite des Hauses. Die dunklen Dachflächen aus engobierten Tonziegeln kontrastieren mit der hellen Fassade. Durch die Beschichtung mit natürlichen Tonschlämmen, die noch vor dem Brennen aufgebracht werden, ist das Material besonders widerstandsfähig gegen säurehaltiges Regenwasser und UV-Strahlen.

Auch im Inneren des Neubaus, der aus massiven Ziegelwänden und einer tragenden Betonscheibe in der Grundrissmitte errichtet wurde, besticht die Qualität der Details. Mit Rücksicht auf den Alltag mit zwei Kindern wurden wenige, aber beständige und robuste Materialien verwendet, die gezielt Akzente setzen. Dunkler Schieferboden breitet sich in den hellen Gemeinschaftsräumen im Erdgeschoss aus. Diese öffnen sich mit bodentiefen Fenstern zu einer Terrasse am Knick des L-förmigen Grundrisses. Küche, Essbereich und Wohnzimmer sind als durchgängiger, heller Raum konzipiert. Das Obergeschoss ist durch eine freitragende Eichenholztreppe ohne Wangen erschlossen, die durch die gläserne Brüstung wie eine federleichte Skulptur wirkt. Auch in den Rückzugsräumen im ersten Stock ist Eichenholz als Bodenmaterial verlegt. Den großzügigen zentralen Flur nutzen die Kinder zum Spielen.

1 Weiß lackierte Holzlamellen aus Tanne und Fichte hüllen das Haus rundherum ein. Unterschiedliche Abstände im Fensterbereich sorgen für ein differenziertes Spiel aus Transparenz und Geschlossenheit. Die Terrasse im Erdgeschoss befindet sich auf einem Podest.

1 Die offene Küche wurde ebenfalls von den Architekten konzipiert. Ihre dunklen Holzoberflächen bilden einen farblichen Kontrapunkt zu den weißen Außenfassaden. Die seitliche Sichtbetonwand dient als Raumteiler zwischen dem Eingangs- und dem offenen Wohnbereich.

2 Im ersten Stock sind die Räume durch eine großzügige und vielseitig nutzbare Galerie miteinander verbunden. Massivparkett aus Eichenlamellen sorgt für eine private und wohnliche Atmosphäre.

3+4 Ohne Wangen sind die tragenden Stufen der Treppe in die Betonwand eingespannt. Die seitliche Glaswand gibt der Treppenskulptur zusätzliche Transparenz. Bewusst entschieden sich die Architekten für robuste Materialien wie Beton und Holz.

1 Ohne Dachüberstände ausgeführt, wirkt der Baukörper wie eine reduzierte Skulptur. Mit seiner umlaufenden vorgehängten Fassade und dunklen Dachflächen sowie dem Podest präsentiert sich das Domizil als moderne Umsetzung des typischen Satteldachhauses.

2+3 Eine gefaltete, ausgeklappte Stahltreppe führt zum Haupteingang und ist eins von vielen durchdachten Details, die insgesamt den Charakter des Hauses prägen.

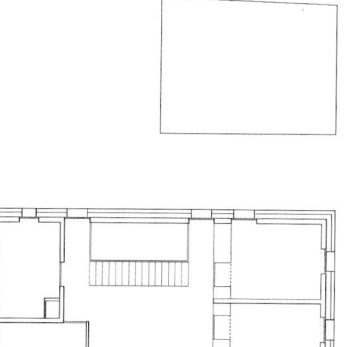

Obergeschoss

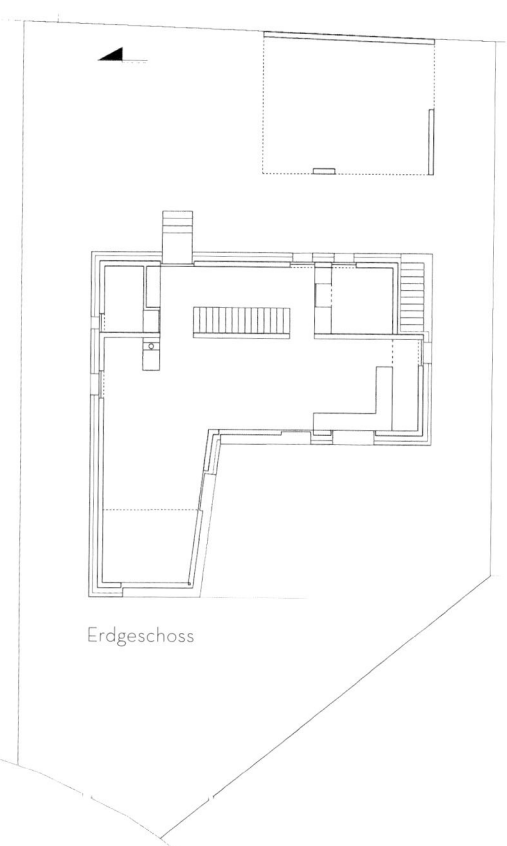

Erdgeschoss

Ludwig Harter und
Ingolf Kanzler

» Einfamilienhäuser haben einen eigenen Zyklus, der unterschiedliche Lebensphasen der Familie mitberücksichtigen muss. «

Gebäudedaten

Grundstücksgröße: 520 m²
Wohnfläche: 172 m²
Zusätzliche Nutzfläche: 70 m²
Anzahl der Bewohner: 4
Bauweise: massives Mauerwerk und Beton mit vorgehängter Holzfassade
Baukosten gesamt: 400.000 €
Fertigstellung: 2010

INNERE GRÖSSE

Wohnhaus in Vorarlberg (Österreich)

Innauer Matt Architekten

Klein, kompakt – aber vor allem kostengünstig: So wünschte sich die Bauherrin ihr neues Domizil, das auf einer Restparzelle am Ortsrand von Mellau entstehen sollte. Ihren Architekten Sven Matt stellte diese ambitionierte Sparvorgabe vor eine besondere Herausforderung. Er musste den Neubau so konzipieren, dass seine Auftraggeberin – mit Unterstützung ihrer handwerklich versierten Verwandtschaft – möglichst viel in Eigenregie übernehmen konnte. Umso beeindruckender ist das Ergebnis: Auf einer Wohnfläche von nur 90 Quadratmetern entstand ein raffiniert einfaches Haus, das zudem erstaunlich großzügig wirkt.

Der eingeschossige Holzelementbau fügt sich mit seinem sanft geneigten Satteldach und der schlichten Lattenfassade zurückhaltend ins Ortsbild ein. Eine große Öffnung auf jeder Gebäudeseite rahmt die Aussicht in die Landschaft. Im Inneren gruppieren sich die Diele, der offene Wohn-, Koch- und Essbereich sowie zwei Schlafzimmer um einen kompakten Gebäudekern mit Bad und Technik. Herzstück des Hauses ist der große Allraum auf der Westseite, der einen fantastischen Blick auf die bewaldeten Hügel des Mellentals bietet. Eine alkovenartige Wandnische dient als Sitz- und Leseecke, der frei stehende Küchenblock mit integriertem Schwedenofen fungiert zugleich als Esstisch. Viele solcher praktischen Einbauten und platzsparenden Stauraumlösungen wurden gleich mitgeplant, sodass sich das bewegliche Mobiliar auf ein Minimum beschränken kann.

Zur behaglichen Wohnatmosphäre tragen die Wand- und Deckenvertäfelungen aus Weißtannenholz bei, die sich wie eine schützende Hülle um den Innenraum legen. Sie bilden einen reizvollen Kontrast zu den dunklen Betonschaltafeln, mit denen die Außenseiten des zentralen Kerns verkleidet sind. Auch sonst wählte Matt möglichst einfache, kostengünstige und leicht zu verarbeitende Materialien, sodass sich sowohl beim Roh- als auch beim Innenausbau vieles in Eigenregie erledigen ließ.

1 Große Öffnungen prägen die Ansichtsseiten des schlichten Holzbaus und rahmen die Ausblicke in die umgebende Natur. Ein Gebäudeeinschnitt auf der Ostseite beschirmt den Eingang.

1 *Decken- und Wandvertäfelungen aus Weißtannenholz sowie heller Estrichboden geben im Innern den Ton an. In kräftigem Kontrast dazu stehen die dunklen Betonschaltafeln, mit denen die Einbauten verkleidet sind.*

2 *Auch die Küchenmöbel sind in das Gesamtkonzept integriert. Der Tresen dient zugleich als Essplatz, der Schwedenofen sorgt an kühlen Tagen für angenehme Strahlungswärme.*

3 *Das reduzierte Farb- und Materialkonzept sowie die sparsame Möblierung lassen den offenen Wohnbereich trotz seiner überschaubaren Dimensionen großzügig erscheinen.*

4 *Wie aus einem Guss wirkt auch der Schlafraum mit Schreibplatz auf der Nordseite, der sich mit einem breiten Aussichtsfenster zur Landschaft öffnet. Praktische Einbauten sparen zusätzliche Möbel.*

1

2

1 Mit Respekt vor der Landschaft, doch ohne falsches rustikales Flair fügt sich der archaisch einfache Satteldachbau in die malerische Kulisse des Bregenzerwalds ein. Das Holzdeck im Westen schiebt sich wie eine Panoramaplattform aus der Gebäudehülle heraus.

2 Der überdachte Eingangsbereich bietet ausreichend Platz für einen kleinen Freisitz. Durch die gläserne Haustür fällt der Blick vom Entree bis zur gegenüberliegenden Gebäudeseite.

Sven Matt und Markus Innauer

》 Da die Bauherrin sich ein möglichst kompaktes und praktisch organisiertes Haus wünschte, wurden viele Schränke und Einbaumöbel gleich mitgeplant. 《

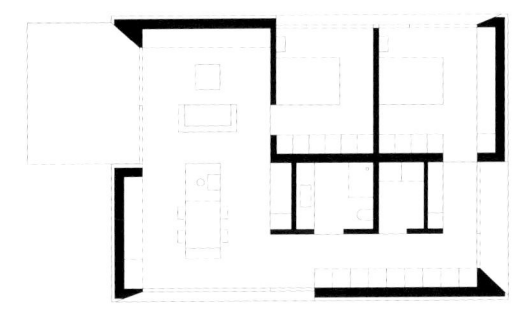

Grundriss

Gebäudedaten

Grundstücksgröße: 300 m²
Wohnfläche: 90 m²
Anzahl der Bewohner: 1–2
Bauweise: vorgefertigter Holzelementbau auf massiver Bodenplatte
Baukosten gesamt: 180.000 €
Fertigstellung: 2010

SONNENDECK IM OBSTGARTEN

Familiendomizil in Langenargen am Bodensee

K_M Architektur

Das flache Haus duckt sich zwischen die umliegenden Obstplantagen und lässt von Weitem nur sein markantes Pultdach über den Baumwipfeln erkennen. Für die Bauherren, eine Landwirtsfamilie mit zwei Kindern, war der Wohnraum im Zentrum von Langenargen am Bodensee zu klein geworden. Ihr neues Domizil am Dorfrand liegt inmitten der Apfelfelder, die die Familie bewirtschaftet.

Daniel Sauter vom Bregenzer Architekturbüro K_M Architektur konzipierte das markante Einfamilienhaus als optimal ausgerichtetes Sonnendeck. Optisch leicht angehoben, schwebt das eingeschossige Volumen regelrecht über der Wiese und öffnet sein Pultdach Richtung Süden. So fangen die raumhoch verglasten Wohnräume das Sonnenlicht ein und nutzen dessen passive Energie für ein angenehmes Raumklima. Das dreiseitig umlaufende Vordach spendet Schatten und schützt die darunterliegende, umlaufende Terrasse.

Wie das Dach und die Bodenplatte, so ist auch die gesamte Nordfassade mit Kupfer verkleidet. Nur ein horizontaler Fensterschlitz und der Eingangsbereich öffnen die durchgängige Fläche. Viel Licht und großzügige, fließende Räume charakterisieren die Stimmung im Inneren. Die Eingangszone mit Garderobe mündet nahtlos in den zentralen gemeinschaftlichen Wohn-, Koch- und Essbereich. Die Kücheninsel und weiß verputzte Wände bilden einen Kontrast zu den warmen Holztönen in den Innenräumen. Die Decken des Holzbaus sind durchgängig mit Lärche verkleidet, auf den Böden ist Nussbaumparkett verlegt. Über eine Schiebetür lässt sich der gesamte östliche Bereich des Hauses, in dem sich die Rückzugsräume der Kinder und Eltern befinden, vom Eingangsbereich abtrennen. Als Zweispänner verteilt der Grundriss zwei Kinder- und ein Elternschlafzimmer sowie das Gästezimmer in Richtung Süden und Norden. Schon beim Aufstehen am Morgen haben die Kinder und die Eltern die Apfelbäume im Blick und können die durchlaufende Terrasse von ihren Zimmern aus betreten.

1 *Dem Essbereich im Westen ist eine große geschützte Terrasse vorgelagert, auf der sich das Abendlicht hält. Bodenplatte und Dach sind mit Kupferblech verkleidet und werden so optisch zusammengehalten.*

1 Von klaren, nüchternen Linien und reduzierten, natürlichen Materialien ist auch das Badezimmer bestimmt, passend zum wohnlichen Gestaltungskosmos des gesamten Hauses.

2 Das Schlafzimmer ist ein behaglicher Rückzugsraum, der Blick fällt ungehindert auf die umgebende Landschaft.

3 Der durchgängige große Wohnraum gliedert die gemeinschaftlichen Nutzungszonen in loser Abfolge. Kochen, Essen und Sofabereich samt Kamin bilden das lichtdurchflutete Zentrum des Familienalltags.

1

2

1 Wie ein Sonnendeck im Grünen streckt sich der flache Baukörper inmitten der Wiesen und umliegenden Apfelbaumfelder aus. Die Südseite ist durch das vorspringende Flachdach verschattet und öffnet sich mit einer durchgängigen raumhohen Fensterfront ins Grüne.

2 Die Nordseite schottet sich weitgehend von den nahen Wirtschaftsgebäuden des landwirtschaftlichen Betriebs ab. Eine Betontreppe markiert den Eingang.

Daniel Sauter, K_M Architektur

» Das Pultdach und die Verglasung des Hauses orientieren sich nach Süden und nutzen die passive Sonnenenergie für ein optimales Raumklima. «

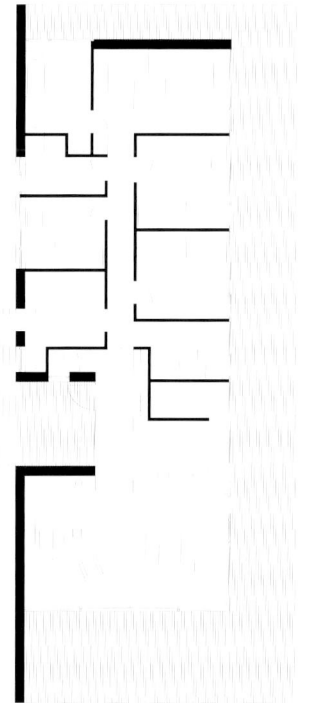

Grundriss

Gebäudedaten

Grundstücksgröße: 1.134 m²
Wohnfläche: 174 m²
Zusätzliche Nutzfläche: 130 m²
Anzahl der Bewohner: 4
Bauweise: Holzbau mit Betonbodenplatte
Fertigstellung: 2010

BÜHNE ZUM SEE

Haus am Havelsee

Hannelore Kaup Architektin

Glücklich, wer hier an einem Havelsee bei Berlin noch eines der raren ufernahen Grundstücke ergattert hat – wie etwa das Seglerpaar, für das die Architektin Hannelore Kaup ein Wochenendhaus baute. Das Entwurfsmotto hatte ihr Auftraggeber bereits vorgegeben: Praktisch und kompakt wie ein »Bootshaus« wünschte er sich sein neues Domizil. Kaup konzipierte einen schlichten Satteldachbau mit klarer Kontur und großen Öffnungen im Erdgeschoss, die sie giebelseitig zum See ausrichtete. Ein filigranes Stahlbetongerüst, das im Sommer mit Segeltuch überspannt wird, definiert den Freibereich und erinnert an die Stellagen, an denen die Boote an Land aufgerichtet werden. Sein zeitlos-klassisches äußeres Erscheinungsbild verdankt das Gebäude einem soliden Sichtmauerwerk aus dänischem Backstein. Die in verschiedenen Farbtönen changierende Fassade lockert die formale Strenge des Hauses wohltuend auf und bindet es harmonisch in seine natürliche Umgebung ein.

Trotz seiner äußeren Kompaktheit wirkt der Neubau im Inneren erstaunlich großzügig. Die schöne Aussicht wird überall gekonnt inszeniert: Kaskadenartig treppt sich der offene Wohnbereich im Erdgeschoss zum See hin ab, zwei Niveausprünge lassen die Raumhöhe von 2,30 Meter im Eingangsbereich auf üppige 3,50 Meter auf der Gartenseite ansteigen. Dank dieses planerischen Kunstgriffs werden die unterschiedlichen Zonen – Kochen, Essen, Wohnen – nicht nur räumlich gegliedert: Man kann auch von jedem Bereich aus den See erblicken. Während die Eingangsebene als fließendes Raumkontinuum angelegt ist, sind die Schlaf- und Gästezimmer im Obergeschoss klassisch separiert.

Wenige Farben und Materialien tragen zum homogenen Gesamteindruck des Interieurs bei, dem eine ebenso präzise wie platzsparende Planung vorausging: Maßgefertigte Einbauten bieten viel Stauraum, Schiebetüren verschwinden dezent in den Wänden, haustechnische Anlagen sind in Schranknischen oder Hohlräume integriert.

1 Klare Konturen und eine akkurat gearbeitete Backsteinfassade prägen das Haus. Im Erdgeschoss öffnet es sich zur Natur und Richtung See, ein Stahlbetongerüst mit integriertem Sonnensegel beschirmt den Freisitz.

1 Durchdachte Details machen den besonderen Reiz des kompakten Hauses aus. Den Höhenunterschied zwischen Ess- und Wohnbereich gleicht eine Sitzbank aus, die zugleich als Brüstung und Holzlege fungiert.

2 Der offene Raum im Erdgeschoss treppt sich kaskadenartig zum See hin ab, sodass man auch vom Essplatz aus direkt aufs Wasser schauen kann. Die Terrasse wird in den Sommermonaten zu einem luftigen Zimmer im Freien.

3 Deckenhohe Glasfronten schaffen fließende Übergänge zwischen innen und außen. Die Öffnung im Westen lässt die Abendsonne hereinfallen und hilft, die ungünstige Nordorientierung des Grundstücks zu kompensieren.

1 Als archaisch einfacher, kompakter Baukörper präsentiert sich das Satteldachhaus zum Garten hin. Entlang der Westfassade ist die stufenweise Abtreppung der Bodenplatte Richtung See erkennbar.

2 Im Schlafraum im Obergeschoss gibt ein durchlaufendes Fensterband den Ausblick aufs Wasser frei. Warmtoniger geölter Eichenholzboden sorgt für eine behagliche Raumatmosphäre.

3 Das Bad grenzt direkt an den Schlafraum an. Bodenbelag und Wandverkleidungen sind aus Solnhofer Platten.

Hannelore Kaup

》 Das Haus orientiert und öffnet sich ganz zum See: Durch die Abtreppung im Wohnbereich kann man von jedem Standpunkt aus ungehindert aufs Wasser schauen. 《

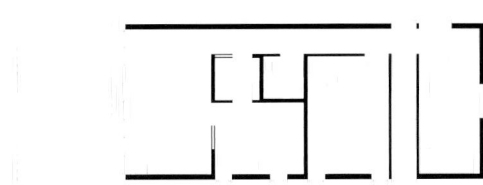

Obergeschoss

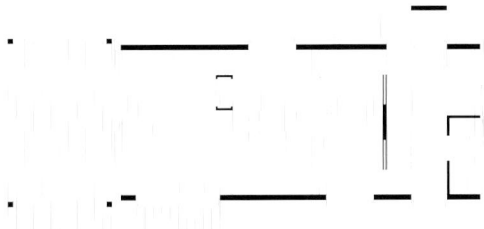

Erdgeschoss

Gebäudedaten

Grundstücksgröße: 1.098 m²
Wohnfläche: 133 m²
Zusätzliche Nutzfläche: 44,5 m²
Anzahl der Bewohner: 2 + Gäste
Bauweise: zweischaliges Mauerwerk mit Kerndämmung
Baukosten gesamt: ca. 500.000 €
Fertigstellung: 2012

WUNDERBAR VERWANDELT

Umbau eines Wohnhauses in München

Architekturbüro Stefan Krötsch

Mit seinem luftig-leichten Gewand aus grauer Textilfaser und den markanten, großformatigen Öffnungen ist dieses Haus in einer ruhigen Münchner Wohnstraße ein besonderer Blickfang. Kaum zu glauben, dass sich hinter der homogenen Hülle ein ehemals maroder Bau aus den 1950er-Jahren verbirgt, der längst zum Abriss vorgesehen war. Mit gezielten Eingriffen in die Substanz, der räumlichen Neuorganisation sowie einer umfassenden energetischen Sanierung gelang es dem Architekten und Bauherrn Stefan Krötsch jedoch, das unscheinbare Haus in ein attraktives Familiendomizil zu verwandeln.

Seine schlichte Gestalt hat der spitzgiebelige Altbau beibehalten, doch im Übrigen fanden einschneidende Veränderungen statt: Krötsch gab dem Haus seine klare Kontur zurück, befreite es auf der Ostseite von einem störenden Anbau aus den 1970er-Jahren und verbesserte damit die Belichtung im Wohnbereich. Das Hochparterre senkte er teilweise auf Gartenniveau ab und schuf so einen ebenerdigen Ausgang ins Freie. Wände und Decken wurden stellenweise entfernt sowie einige Fenster vergrößert.

Im Erdgeschoss entstand ein offener Gemeinschaftsbereich, der sich in einen zweigeschossigen Luftraum weitet. Eine neu eingebaute interne Treppe führt zu den Schlafzimmern im ersten Stock. Im Dachgeschoss liegt eine separate Einliegerwohnung, die der Familie als Raumreserve dient und über den ehemaligen Haupteingang sowie das bestehende Treppenhaus im Norden erschlossen wird.

Eine hochwärmegedämmte Gebäudehülle bringt den Bau auf Passivhausstandard. Sein unverwechselbares Aussehen verdankt das »Graue Haus« jedoch einem feinmaschigen Gewebenetz aus Polyethylen-Recyclingkunststoff, das als Wetterschutz auf die hinterlüftete Außenwandkonstruktion aufgeschraubt wurde. Es ist eine ebenso kostengünstige wie nachhaltige Alternative zu herkömmlichen Wärmedämmverbundsystemen – und zudem ein wahres Leichtgewicht: Nur 56 Kilogramm wogen die Stoffbahnen, die mit einem einzigen Pkw angeliefert werden konnten.

1 Nach seinem umfangreichen Umbau präsentiert sich das 1950er-Jahre-Haus in neuem Gewand. Die Fassaden erhielten eine textile Bekleidung aus Recycling-Kunststoff. Ein Wanddurchbruch auf der Gartenseite lässt fließende Übergänge zwischen innen und außen entstehen.

1 Der Wohnbereich weitet sich neben dem Esstisch in einen zweigeschossigen Luftraum und bietet Platz für eine zusätzliche, interne Treppe. Sie erschließt das Obergeschoss, das zuvor nur vom zentralen Treppenhaus aus zugänglich war.

2 Nischen und Verstecke in den maßgefertigten Einbauten bieten den Kindern viel Platz zum Spielen. Eine breite Glasfront auf der Westseite lenkt über den Luftraum auch Helligkeit nach unten.

3 Der kleinteilige Altbaugrundriss wurde gelichtet, störende Trennwände entfernt. Der Essplatz liegt auf Hochparterre-Niveau, die vordere Raumhälfte ist auf Gartenebene abgesenkt.

4 Der Höhenunterschied zwischen Ess- und Wohnbereich wurde genutzt, um eine bequeme Sitzbank in die Stufen zu integrieren.

1 Unter der Holzterrasse verbirgt sich nicht nur der Sandkasten für die Kinder, sondern auch zusätzlicher Stauraum und Platz für Gartengeräte.

2 Auch vor der Küche im Hochparterre wurde eine großzügige Terrasse angelegt. Sie gleicht den Höhenunterschied zum Garten aus und schafft einen ebenerdigen Ausgang ins Freie.

3 Ein Blickfang ist das Aussichtsfenster auf der Westseite, das die Abendsonne tief ins Hausinnere vordringen lässt. Das gedämmte Dach wurde mit Faserzement-Wellplatten gedeckt, die Gauben erhielten eine Blechverkleidung.

Stefan Krötsch

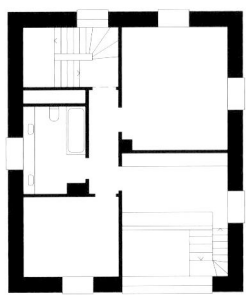

Obergeschoss

>> Der Altbau blieb in seiner schlichten Gestalt erhalten. Im Inneren sind jedoch durch den Abbruch von Wänden und Deckenteilen neue, zeitgemäße Räume entstanden. <<

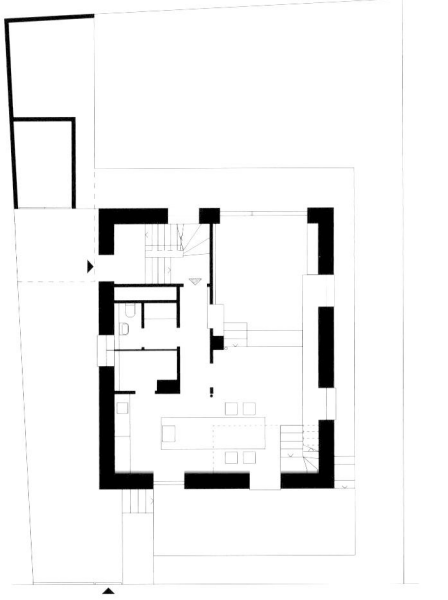

Erdgeschoss

Gebäudedaten

Grundstücksgröße: 325 m²
Wohnfläche: 124 m² + 42 m² (Einliegerwohnung)
Zusätzliche Nutzfläche: 39 m²
Anzahl der Bewohner: 5 + 1
Bauweise: Ziegelmauerwerk (Bestand), Holzkonstruktion (Sanierung)
Baukosten gesamt: 185.500 €
Baujahr Altbau: 1956
Fertigstellung Umbau: 2012

RAFFINIERTE ZWILLINGSLÖSUNG

Wohnhaus aus Holz in Neumarkt in der Oberpfalz

Kühnlein Architektur

Mit seinen schlichten Holzfassaden und den steil geneigten Satteldächern fügt sich das kleine Hausensemble im oberpfälzischen Neumarkt zurückhaltend in das Ortsbild ein. Seine archaisch einfache Umrissform erinnert an die bäuerlichen Gehöfte der Umgebung, doch das feine Lattenkleid aus unbehandeltem Lärchenholz, das alle Gebäudeteile vom Scheitel bis zur Sohle überzieht, lässt es wie eine abstrakte Skulptur erscheinen.

Das ungewöhnliche Familiendomizil setzt sich aus zwei parallel nebeneinander stehenden, spitzgiebeligen Baukörpern zusammen, die über einen flachen Mitteltrakt verbunden sind. Im Osten umschließen die Gebäudeflügel einen halbprivaten Eingangshof, im Westen rahmen sie eine geschützte Terrasse, die sich auf die weite Landschaft der Jurahochebene orientiert.

Mit der Aufteilung des Raumprogramms auf zwei Häuser ergab sich auch eine klare Trennung der Funktionen: Man betritt das Gebäude über den zentralen Verbindungstrakt, der als geräumiges Entree dient. Rechterhand schließt sich das Haupthaus mit einem offenen Koch-, Ess- und Wohnbereich an. Linkerhand geht es zum Schlafhaus mit den Zimmern der Eltern und Kinder.

Die gesamte Konstruktion besteht aus Brettsperrholztafeln, was nicht nur eine wirtschaftliche Bauweise, sondern auch eine großzügige Raumgestaltung erlaubte. Im Haupthaus öffnet sich der Gemeinschaftsbereich bis unter den First: Die 12 Zentimeter starken Holzplatten, die das Steildach bilden, spannen stützenfrei über eine Länge von 16 Metern – ohne Pfetten, Sparren oder Stahlbauteile. Ein besonderer Blickfang sind die individuell angefertigten Leuchten, Schalter und Steckdosen aus Kupfer, die nach gemeinsamen Entwürfen der Architekten mit dem Bauherrn entstanden. Sogar die Elektroinstallationen sind mit Kupferrohren sichtbar verlegt. Der rötliche Farbton des Metalls harmoniert gut mit den unverkleideten Wand- und Deckenoberflächen aus Sperrholz, die hier das Wohnambiente prägen.

1 Ein homogenes Lattenkleid überzieht Dach und Fassaden des monolithisch anmutenden Holzhauses, das sich in einen Wohn- und einen Schlaftrakt aufteilt. Die Fenster liegen teilweise hinter dem feinen Lamellenvorhang verborgen.

1 Holz gibt auch im Inneren den Ton an. Unter dem hohen Dach, das den Raum stützenfrei überspannt, gehen Küche, Ess- und Wohnbereich offen inander über. Ein drehbarer Kaminofen sorgt für Lagerfeueratmosphäre.

2 Die Lamellenhaut schützt das Bad im Schlaftrakt vor Einblicken und lässt gefiltertes Licht hereindringen. In den Nassbereichen dienen dunkle Fassadenplatten als Spritzschutz.

3 Ein besonderer Blickfang sind die individuell angefertigten Leuchten, Schalter und Steckdosen aus Kupfer. Sogar die Küchenarbeitsplatte ist aus demselben Material.

4 Ein halbhohes Holztor öffnet sich auf den kleinen, geschützten Eingangshof. Großformatige Betonplatten leiten den Besucher zur Haustür im flachen Mittelbau.

5 Der Verbindungstrakt dient als großzügiges Entree. Decken und Wände aus unverkleidetem Brettsperrholz prägen auch hier den Raumeindruck, auf dem Boden liegen Eichendielen.

1

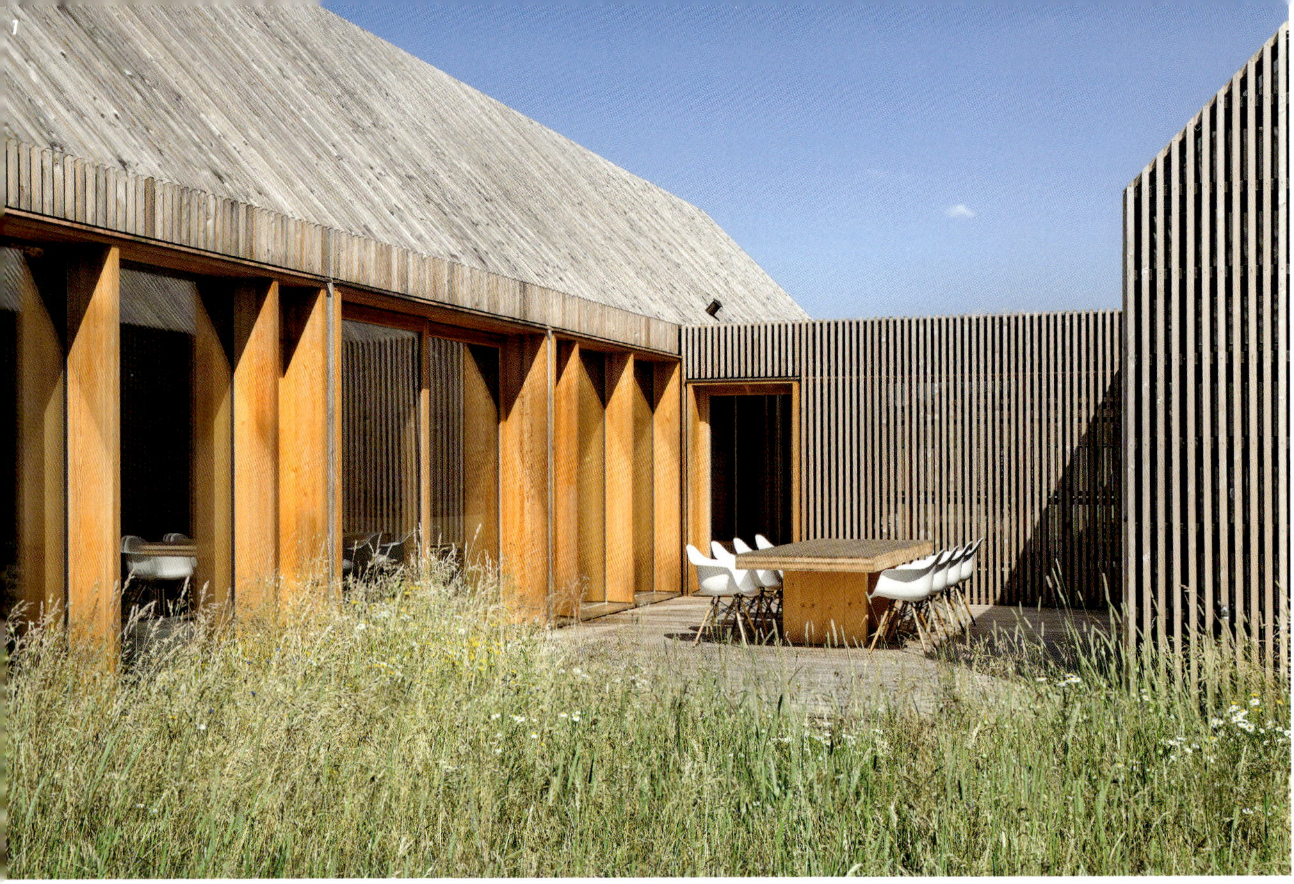

2

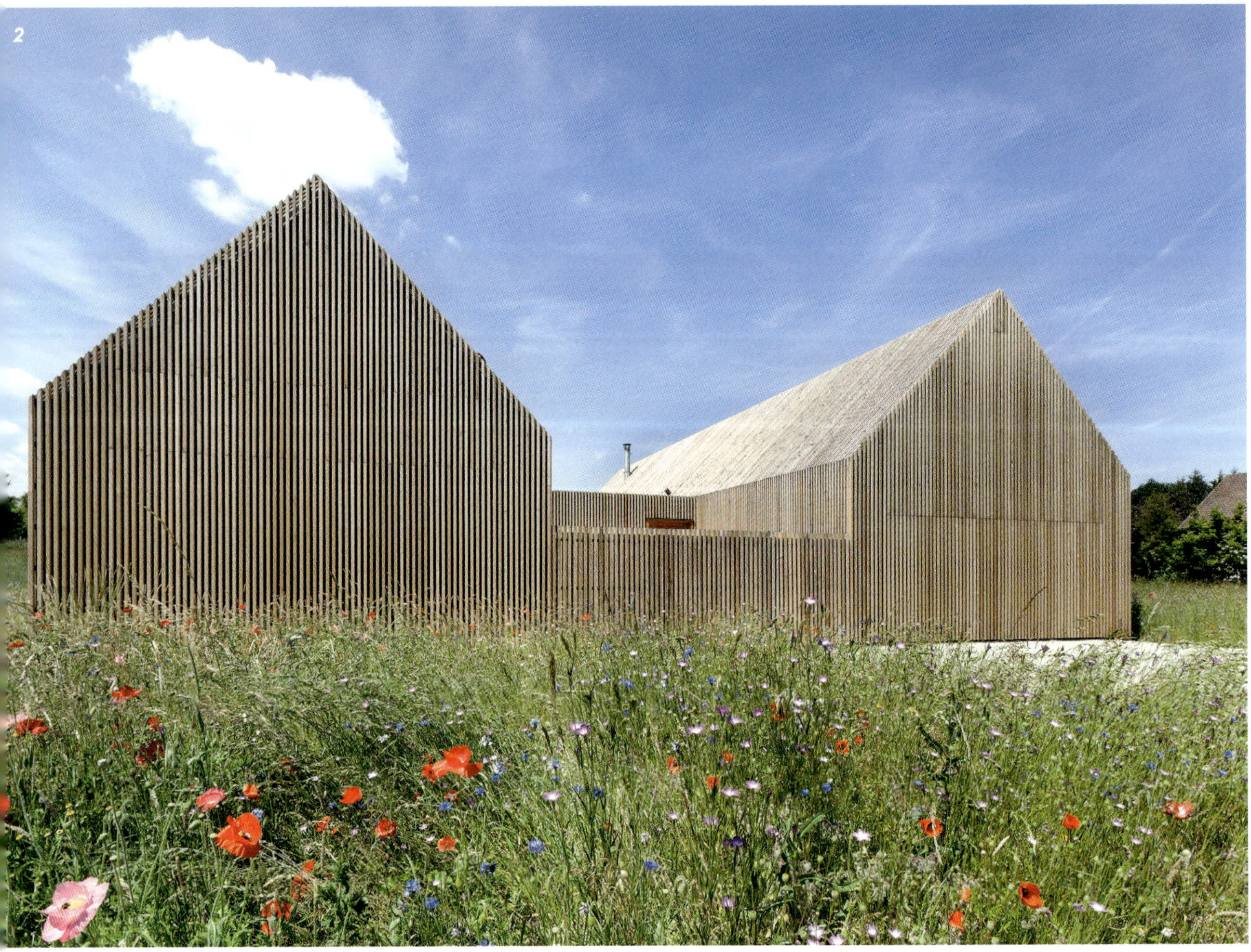

1 Auf der Westseite umschließen die Gebäudeflügel eine Terrasse, die fließend in die Wiesenlandschaft übergeht. Die Rahmen der Lärchenholzfenster sind geölt und heben sich klar von der allmählich vergrauenden Fassade ab.

2 Zur Zufahrtsseite im Osten zeigt sich das Haus verschlossen. Die Garage ist in das Wohnhaus (rechts) integriert, das Tor verschwindet unauffällig hinter den vertikalen Holzstäben.

Michael Kühnlein jun. und
Michael Kühnlein sen.

》 Die mit der Zeit vergrauenden Lärchenholzleisten passen sich in die Landschaft ein und geben dem Haus trotzdem ein prägnantes, selbstbewusstes Erscheinungsbild. 《

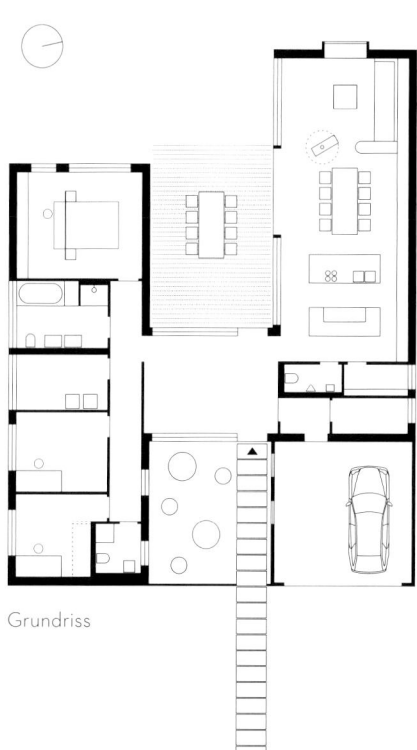

Grundriss

Gebäudedaten

Grundstücksgröße: 1.703 m²
Wohnfläche: 210 m² + 15 m² (Galerie in den Kinderzimmern)
Zusätzliche Nutzfläche: 60 m²
Anzahl der Bewohner: 2–4
Bauweise: Massivholzbau (Brettsperrholz)
Baukosten gesamt: ca. 500.000 €
Fertigstellung: 2014

DAS KLEINE SCHWARZE
Ferienhaus in der Normandie (Frankreich)

Lode Architecture

Von der Straße aus sieht man nur eine schwarze Silhouette vor grünem Hintergrund: Das kleine Ferienhaus in der malerischen Landschaft der Normandie ist vom Scheitel bis zur Sohle in ein monochromes Kleid aus schieferfarbenen Faserzementplatten gehüllt. Scheinbar schwerelos über dem Grundstück thronend, nimmt es mit seiner Bodenplatte das leichte Gefälle im Gelände auf und treppt sich dem Hang folgend von West nach Ost ab. Diese Niveausprünge machen sich auch im Inneren bemerkbar und gliedern den Grundriss.

Man betritt das Haus von Osten über eine Essküche, die als Entree und Garderobe zugleich fungiert. Die hellen Wand- und Deckenverkleidungen aus Fichtenholz bilden einen starken Kontrast zur dunklen Außenhaut und verbreiten ein gemütliches Flair. Dass Holz hier auch eine tragende Rolle spielt, lässt sich an den kreuzweise verleimten, massiven Elementen der Zwischenwände ablesen.

Zwei Stufen höher liegt der Allraum, der bis unter den Dachfirst reicht. Er ist kommunikativer Mittelpunkt und Verteilerzone zugleich. Eine breite Glasfront lenkt den Blick auf die Südterrasse, die von einem knorrigen Kirschbaum beschirmt wird. Schöne Aussichten in den Obstgarten bietet auch der alkovenartige Schlafraum, der an den Wohnbereich angrenzt. Eine steile, platzsparende Treppe erschließt zwei weitere Zimmer im Obergeschoss. Gezielt gesetzte Öffnungen inszenieren überall die Ausblicke in die freie Landschaft. Doch auch innerhalb des Hauses ergeben sich interessante Perspektiven: Fensterähnliche Ausschnitte in den hölzernen Zwischenwänden lassen diagonale Sichtachsen zwischen einzelnen Räumen und Wohnebenen entstehen.

Da das Haus nur an den Wochenenden genutzt wird, entschieden sich die Architekten für eine weitgehend geschlossene und gut gedämmte Gebäudehülle. Die Nordfassade hat daher keinerlei Öffnungen, die große Glasfront im Süden fängt die Sonnenstrahlen ein, sodass ein einfacher Holzofen als Wärmespender ausreicht.

1 Mit knappem Satteldach und scharf umrissener Kontur präsentiert sich das Haus auf einem leicht geneigten Hanggrundstück. Die homogene Hülle aus dunklen Faserzementplatten lässt den kleinen Bau noch kompakter wirken.

1 Der Wohnraum ist Aufenthaltsbereich und Verteilerzone zugleich: Von hier aus werden alle Räume sowie das Obergeschoss erschlossen. Ein Kaminofen dient als stimmungsvoller Wärmespender.

2 Das Fenster im angrenzenden Alkoven rahmt den Ausblick auf die Obstwiese wie ein Landschaftsbild. Der Hohlraum links unter der Treppe bietet zusätzliche Stauflächen.

3 Die Galerie im Obergeschoss erschließt das Elternschlafzimmer auf der Ostseite. Anstelle von Dachflächenfenstern erhellen Lichtkamine den Innenraum.

Arnaud Lacoste, Jérôme Vinçon, Lode Architecture

>> Da es sich um ein Wochenendhaus handelt, mussten wir uns nicht an die üblichen Wohnstandards halten und konnten jede Situation neu überdenken. «

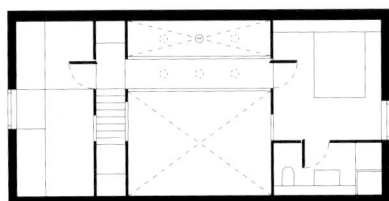

Obergeschoss

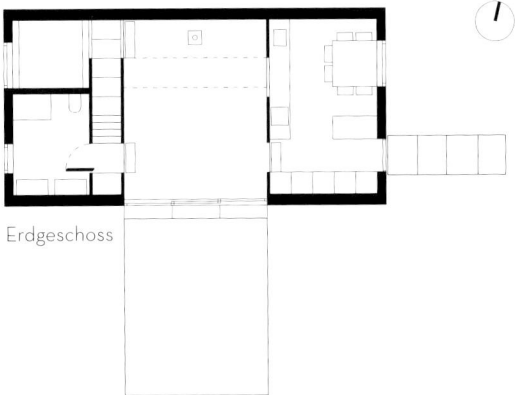

Erdgeschoss

Gebäudedaten

Grundstücksgröße: 2.760 m²
Wohnfläche: 100 m²
Anzahl der Bewohner: 4
Bauweise: Dickholzkonstruktion mit kreuzweise verleimten Brettlagen
Baukosten gesamt: 250.000 €
Fertigstellung: 2011

KLARE AUSSICHTEN
Haus D in Südtirol (Italien)

Architekten Mahlknecht Comploi

Mit ihrem neuen Domizil in St. Ulrich im Grödnertal hat die Südtiroler Bauherrenfamilie für die Zukunft vorgesorgt. Die insgesamt 210 Quadratmeter Wohnfläche des großen Satteldachhauses lassen sich flexibel aufteilen – in größere oder kleinere Wohneinheiten, je nach Bedarf und Lebenssituation. Heute wohnt die vierköpfige Familie auf insgesamt 175 Quadratmetern und vermietet die Einliegerwohnung mit zwei Zimmern. Wenn die Kinder größer sind, kann der Grundriss ohne großen Aufwand so verändert werden, dass zwei gleichwertige Wohnungen entstehen.

Die Brixener Architekten Igor Comploi und Thomas Mahlknecht haben verschiedene Zukunftsszenarien des Familienalltags in der flexiblen Organisation des Grundrisses berücksichtigt. Seine Rückseite schiebt das Holzhaus in den Steilhang über dem Grödnertal. Die Südseite hingegen öffnet sich mit großen Fensterflächen auf das Panorama der Dolomiten. Regionale Materialien prägen das nachhaltige Konzept des klaren Baukörpers, der rundherum mit Lärchenholz verkleidet ist.

Sägeraue Lärche kleidet die Böden, Wände und Treppen in den Innenräumen. Die einheitlichen Holz- und Einbaumöbel sind in ihren Formen reduziert und lenken nicht vom Blick in die Landschaft ab.

Der Eingangsbereich an der Hangseite im Obergeschoss führt zu einem großen Wohnraum, der seine Längsseite mit durchlaufenden Glasschiebelementen zum überdachten Balkon und zum seitlichen Garten öffnet. Gekocht wird an einer frei stehenden Kochinsel mit dunkler Granitarbeitsfläche und Blick auf die Berge. Schränke aus schwarz gebeizter Lärche und Schwarzstahlelementen verwandeln die Küche in eine geometrische Raumskulptur. Ein Arbeitszimmer und eine zusätzliche Stube ergänzen die Gemeinschaftsebene.

Auch die Kinder- und das Elternschlafzimmer im Untergeschoss geben der Aussicht Vorrang. Sie rahmen das Panorama in großen Fensterflächen, die sich ebenerdig zum Garten öffnen lassen. Im Bad variierten die Architekten das reduzierte Spiel aus Materialien durch Wände und Decken aus schwarz durchgefärbtem Beton.

1 Der Winter im Südtiroler Grödnertal kann lange dauern und recht kalt ausfallen. Doch die Bauherren und die Architekten haben vorgesorgt. Dank Dreifachverglasungen, hochwärmegedämmter Gebäudehülle und kontrollierter Belüftung kommt das Holzhaus mit sehr wenig Energie aus.

1 Eine große Panoramascheibe öffnet den Wohnraum auf die vorgelagerte Terrasse und lenkt den Blick in die Landschaft. Wand- und Möbelelemente aus gebeizter Lärche und Stahlpaneelen prägen die reduzierte Atmosphäre.

2 Auch im Treppenhaus verbreiten die einheitlichen, reduzierten Materialien eine wohnliche Stimmung.

3 Die Terrasse erweitert den Wohnraum ins Freie und geht seitlich in den Garten über. Die Wohnzone ist durch einen Wandvorsprung vom Essbereich getrennt und lädt zum Verweilen ein.

1 Die seitliche Gartenterrasse ist der Wohnetage zugeordnet und bietet auch einen überdachten Essplatz im Freien.

2 Auch die Schlafzimmer im unteren Geschoss sind in duftende sägeraue Lärche gehüllt. Vom Bett aus fällt der Blick durch das raumhohe Fenster auf die Berglandschaft.

3 Das Badezimmer mit Dusche und frei stehender Wanne vor dem Fenster

Thomas Mahlknecht und Igor Comploi

» Die zusätzliche kleine Einliegerwohnung kann stufenweise vergrößert werden, sobald sich die Kinder mehr Eigenständigkeit wünschen. «

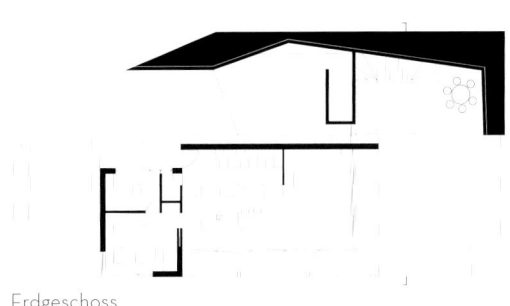

Erdgeschoss

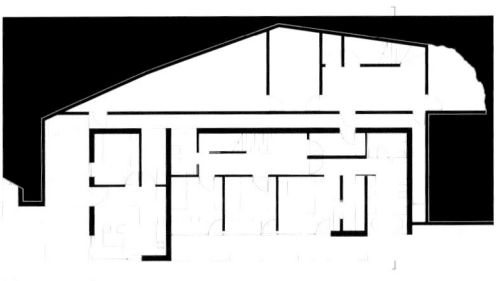

Untergeschoss

Gebäudedaten

Grundstücksgröße: 1.867 m²
Wohnfläche: 210 m² (Hauptwohnung 175 m², Einliegerwohnung 35 m²)
Zusätzliche Nutzfläche: 80 m²
Anzahl der Bewohner: 4 (Hauptwohnung), 2 (Einliegerwohnung)
Bauweise: Holzständerbau
Fertigstellung: 2011

MÄDCHENTURM

Erweiterung eines Einfamilienhauses in Vorarlberg (Österreich)

Marte.Marte Architekten

Mädchen wohnen gern in Türmen. Im Märchen ist das so, aber auch in Dafins, einem kleinen Dorf über der Talsohle des Vorarlberger Rheintals. Dort haben Stefan und Margot Marte ihr Einfamilienhaus um einen frei stehenden Turm erweitert. Bewohnt wird der Turm von drei der insgesamt fünf Töchter der Familie, die sich bislang zwei Zimmer im Haupthaus geteilt haben.

Der schlanke Baukörper mit Fassaden aus Cortenstahl fügt sich wie eine abstrakte Skulptur in die Landschaft ein. Stefan Marte, der gemeinsam mit seinem Bruder Bernhard das Vorarlberger Büro Marte.Marte Architekten leitet, hat die Erweiterung seines eigenen Familiendomizils als Ensemble ungleicher Baukörper konzipiert. Der Turm bildet ein vertikales Pendant zum liegenden Sichtbetonvolumen des Haupthauses. Zwischen den beiden Baukörpern entstand ein Innenhof, der sich Richtung Süden zum Pool orientiert. In jedem der oberen Turmstockwerke befindet sich ein Kinderzimmer, das sich mit einem bodentiefen Fenster zum Haupthaus orientiert.

So ritterlich sich der Turm von außen gibt, so hell und leicht wirkt sein Inneres, das insgesamt 109 Quadratmeter Wohnfläche fasst. Wände, Böden und Decken der Holzelementkonstruktion sind mit Birkensperrholz verkleidet. Eine Bibliothek verbindet das untere Geschoss mit dem Haupthaus. Da der Mädchenturm auch eine Küche und einen separaten Eingang zum rückwärtigen Parkplatz hat, kann er später einmal als eigenständige Wohneinheit genutzt werden. Die Wendeltreppe an der Westseite führt in die Zimmer in den oberen Stockwerken.

Die drei Turmbewohnerinnen sind über die Gemeinschaftszonen im Erdgeschoss mit dem Haupthaus verbunden und können sich gleichzeitig in ihre Turmzimmer zurückziehen. Der Respekt vor dem anderen und die Vermittlung von Grenzen sind Werte, die nicht nur in der Erziehung, sondern auch in der Architektur ihren Ausdruck finden können.

1 Der Mädchenturm orientiert sich mit großen Fenstern zum Haupthaus und erweitert dessen Flächen um drei Kinderzimmer. Das schlanke, vertikale Volumen ist rundherum mit Cortenstahl verkleidet.

1

2

3

1 Der Verbindungstrakt zwischen Haupthaus und Turm ist als Bibliothek eingerichtet. Hier halten sich die Kinder gern zum Lesen auf.

2 Um vom Haupthaus in den Turm zu gelangen, müssen zwei Treppenabsätze am Eingang und Ausgang der Bibliothek passiert werden. Sie verbinden die unterschiedlichen Niveaus der Baukörper.

3 Die einzelnen kompakten Zimmer sind wie Guckkästen mit großen Fenstern gestaltet und richten sich nach Osten zum Haupthaus aus. Über schmale seitliche Klappen können sie belüftet werden.

4 Zwischen den beiden Baukörpern ist eine Terrasse entstanden, von der aus man zum Pool gelangt. In den Sommermonaten ist über diesem Bereich ein dunkles Sonnensegel gespannt.

5 Der Swimmingpool orientiert sich nach Süden und lädt Jung und Alt an schönen Sommertagen zum Baden ein. Seine dunkel beschichtete Stahlbetonwanne ist an den Außenseiten mit Cortenstahl verkleidet und wird so zum Teil des Ensembles.

1

1 Inmitten der pittoresken Hügellandschaft fügen sich Turm und Haupthaus zu einem gelungenen Ensemble unterschiedlicher Baukörper. Ein versteckter Innenhof verbindet beide Volumen und schafft viel familiäre Privatsphäre.

2 Zur Straßenseite ist der Mädchenturm geschlossen. In seiner kompakten Form wirkt er wie eine Skulptur in der Landschaft, die bereits eigene Patina angesetzt hat.

Stefan und Bernhard Marte

» Das in sich abgeschlossene Haupthaus ließ als Erweiterung nur eine abstrakte, in Form und Material reduzierte Figur zu. «

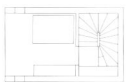

3. Obergeschoss

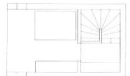

2. Obergeschoss

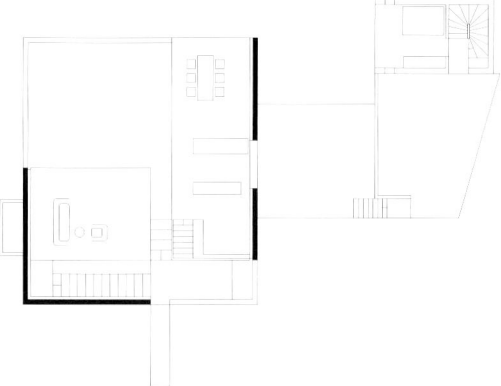

1. Obergeschoss

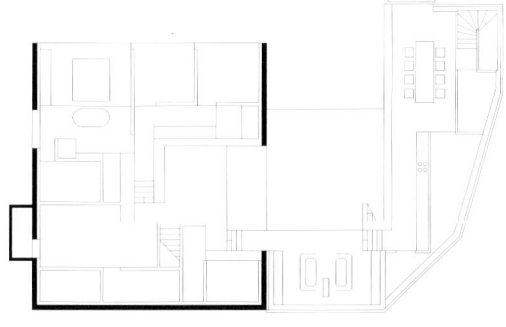

Erdgeschoss

Gebäudedaten

Grundstücksgröße: 1.233 m²
Wohnfläche Mädchenturm: 109 m²
Wohnfläche insgesamt: 272 m²
Zusätzliche Nutzfläche Mädchenturm: 18 m² (von insgesamt 55 m²)
Anzahl der Bewohner im Turm: 3 (von insgesamt 7)
Bauweise: Holzelementbauweise mit hinterlüfteter Cortenstahlfassade auf massivem Untergeschoss
Fertigstellung: 2012

MEDITERRANE LEBENSART

Ferienhaus La Marseta bei Alicante (Spanien)

Sonia Miralles Mud_Arquitecta

Wie ein Fels ragt das kleine Ferienhaus nordöstlich von Alicante aus der mediterranen Landschaft. Elefantengras, Rosmarin- und Lavendelbüsche wachsen auf dem schmalen, rampenförmigen Dach. Die goldbraunen Putzfassaden greifen das markante Farbspiel der Natur auf und ordnen sich ihrem Duktus unter.

Das Erstlingswerk der spanischen Architektin Sonia Miralles Mud schützt seine Bewohner, ein Ehepaar aus Alicante, mit doppelten Wänden aus Beton vor der Hitze. Der Eingang in den durchgängigen schmalen Innenraum des Hauses liegt im Süden. Kleine Fensterluken sind über die nördliche Außenwand verteilt und lassen sich zum Querlüften öffnen. Mit weiß verputzten Wänden und einem Sichtbetonboden, der sich auf den Außenterrassen fortsetzt, bekennt sich der Innenraum zum robusten Charakter eines ländlichen Urlaubsdomizils.

Das reduzierte Raumprogramm des Hauses fasst insgesamt 83 Quadratmeter Wohnfläche mit kompaktem Grundriss. Mauervorsprünge entlang der nördlichen Außenwand unterteilen den großen Innenraum in einzelne Zonen. Wie ein großes weißes Möbelstück reihen sich auf diese Weise Bade- und Gästezimmer an der Wand auf. Der Luftraum über dem kubischen Einbau mit Oberflächen aus lackierten mitteldichten Holzfaserplatten (MDF) kann dank einer Leiter als zusätzlicher Rückzugsort genutzt werden. Ein langer Flur erschließt die schattigen Zimmer im hinteren, kühleren Teil des Hauses.

Viel Sonne hingegen erhält der zentrale Wohnraum im vorderen Bereich. Im Sommer bleiben die großen Schiebeelemente geöffnet, sodass das luftige Wohnzimmer und die offene Küchenzeile direkten Anschluss zur Natur haben. Ein schmaler Fensterstreifen lässt den Blick vom Sofa in die Landschaft und auf die vorgelagerte Terrasse an der Schmalseite des Hauses gleiten. Die Pergola spendet dem malerischen Essplatz im Freien Schatten.

1 *Wie ein Fels fügt sich der Baukörper in die Landschaft. Seine Fassaden ordnen sich dem Farbspiel der Natur unter. Auf dem Dach wachsen Lavendelbüsche und Elefantengras.*

1 Entlang des schmalen Flurs reihen sich im hinteren Teil des Hauses Schlafzimmer und Bäder. Eine platzsparende Leiter führt in den offenen Rückzugsbereich auf dem Zwischengeschoss.

2 Die kleinen Fenster auf der Nordseite können zum Querlüften geöffnet werden.

3 Den Eingang bildet eine Schiebetür, welche die kompakte Wohnfläche des Hauses nach außen erweitert.

4 Der übersichtliche Wohnraum ist durch doppelte Betonwände vor der mediterranen Hitze geschützt und durchgängig mit kostengünstigem Estrich ausgelegt. Unter dem hohen Dach an der Schmalseite sind Küche, Wohnraum und Essbereich zusammengefasst.

1 An seiner höchsten Stelle wird das Dach zum Aussichtspunkt, von dem der Blick über die gesamte Umgebung schweift.

2 Ein Dachvorsprung schützt die außenliegende Sommerküche an der vorderen Schmalseite des Hauses. Bald schon wird der Blauregen von der Pergola ranken und der Terrasse Schatten spenden.

3 Zwischen den Olivenbäumen der Umgebung wird das ungewöhnliche Feriendomizil beinahe unsichtbar, so nahtlos geht seine äußere Gestalt in die Topografie der mediterranen Landschaft über.

Sonia Miralles Mud

>> Der Lieblingsplatz der Hausherrin ist auf einem kleinen Hügel zwischen der Palme und dem Johannisbrotbaum vor der Terrasse. <<

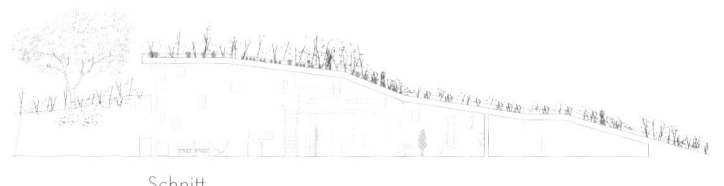

Schnitt

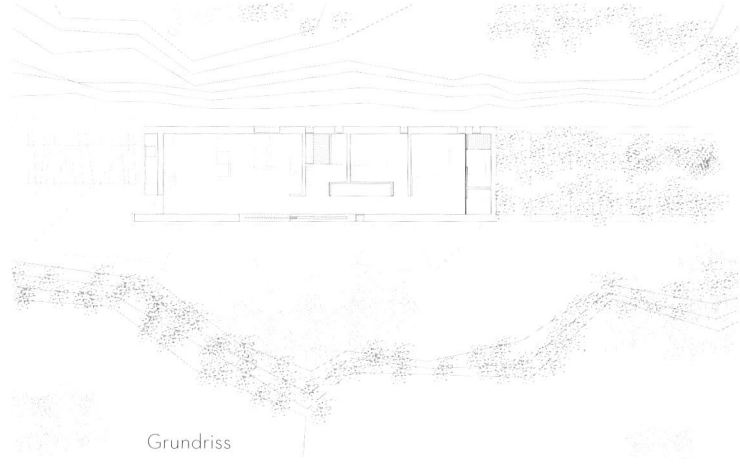

Grundriss

Gebäudedaten

Grundstücksgröße: 11.841 m²
Wohnfläche: 96 m²
Zusätzliche Nutzfläche: 39 m²
Anzahl der Bewohner: 2
Bauweise: Beton mit doppelten Wänden
Baukosten gesamt: 134.803 €
Fertigstellung: 2009

AUS EINS MACH DREI

Umbau und Erweiterung eines Hauses bei Paris (Frankreich)

Moussafir Architectes Associés

Raus aus der Großstadt: Die Bauherren hatten beschlossen, von Paris nach Bois-Colombes zu ziehen, wo sie ein winziges, unscheinbares Haus aus den 1920er-Jahren erworben hatten. Zuvor allerdings musste der Altbau dem Raumbedarf ihrer vierköpfigen Familie angepasst werden. Viel Platz bot sich auf dem schmalen Eckgrundstück nicht, doch der Architekt Jacques Moussafir fand eine Lösung: Er griff die Typologie des archaisch einfachen Vorstadthauses auf und stellte ihm zwei Volumen zur Seite, die sich in Form und Proportion am Vorhandenen orientieren. So entstand ein kleines, u-förmiges Gebäudeensemble um einen geschützten Hof. Alt und Neu sind auch in der Materialwahl aufeinander abgestimmt und wirken wie aus einem Guss: Anthrazitfarbenes Sichtmauerwerk und dunkle Dachdeckungen aus Titanzink binden die Haustrakte optisch zusammen.

Das Entree liegt im Erweiterungsbau auf der Nordseite, an das sich ebenerdig die Essküche anschließt. Der Wohnbereich nimmt das Hochparterre ein, das radikal entkernt wurde. Durch diese Niveausprünge zwischen Alt und Neu ergeben sich abwechslungsreiche Raumfolgen auf versetzten Ebenen. Der Elterntrakt befindet sich im Dachgeschoss, die Kinder haben im Souterrain ihr eigenes Reich, das über eine Abböschung Tageslicht erhält.

Besonderer Blickfang im Interieur sind die handwerklich perfekten Schreinereinbauten aus geöltem Lärchenholz. In klarem Kontrast dazu stehen die unverputzten Wände aus Betonstein. Sie ziehen sich wie ein Leitmotiv durch das ganze Haus, erfüllen jedoch unterschiedliche statische Aufgaben. In den Erweiterungstrakten übernehmen sie eine tragende Rolle, während das dunkle Sichtziegelmauerwerk als Blendfassade vor die Dämmung gesetzt ist. Im Altbau hingegen hat die bestehende Ziegelfassade – die freigelegt und mit einem anthrazitfarbenen Anstrich versehen wurde – ihre ursprüngliche Funktion behalten. Die Betonsteine wurden hier als zweite Schale für die Innendämmung verwendet.

1 Klare Konturen und knappe Dachränder verleihen dem archetypisch einfachen Vorstadthaus ein markantes Profil. Große Öffnungen, die von schmalen Holzrahmen gefasst werden, schieben sich auf der Südseite wie Schaukästen aus der dunklen Außenhaut.

1 Das Wohnzimmer im Altbau öffnet sich bis unter das Dach. Auf der Südseite dient die tiefe Laibung des Aussichtsfensters als Sitzbank. Der Estrichboden zieht sich ebenso wie das sichtbar belassene Betonstein-Mauerwerk als Leitmotiv durchs ganze Haus.

2 Die Essküche schließt sich in der Eingangsebene an das Entree an. Sie orientiert sich auf einen kleinen Innenhof, der die Südsonne einfängt. Das Fenster im Obergeschoss belichtet den Elterntrakt.

3 Alt und Neu stehen sich im Patio gegenüber. Von der Essküche im Anbau blickt man über den Innenhof hinweg bis in den Wohnbereich im Bestandsgebäude. Links ist die Brandwand des Nachbarn zu erkennen.

4 Maßgefertigte Schreinereinbauten mit warmtonigen Lärchenholzoberflächen bilden einen reizvollen Kontrast zur Rohbau-Ästhetik der unverputzten Betonsteine.

1 Das Elternbad im Obergeschoss ist in das Schlafzimmer integriert. Der Übergang zwischen den Haustrakten ist gekonnt inszeniert: Die Fassade wird zur Innenwand, eine Glasfuge sorgt für interessante Licht- und Schattenspiele.

2 Trotz der extrem beengten Grundstückssituation gelang es dem Architekten, das Haus mit zwei Baukörpern zu erweitern. Sie orientieren sich in Kubatur und Proportion am Bestand und schließen im Nordosten an die Brandwand des Nachbarn an.

Jacques Moussafir

>> Alte und neue Gebäudeteile sind klar voneinander getrennt, jedoch in Form, Farbe und Materialwahl aneinander angeglichen. <<

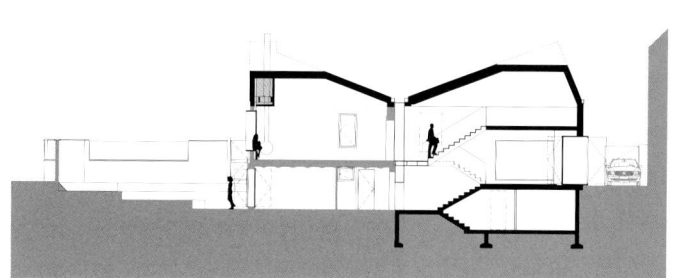

Längsschnitt

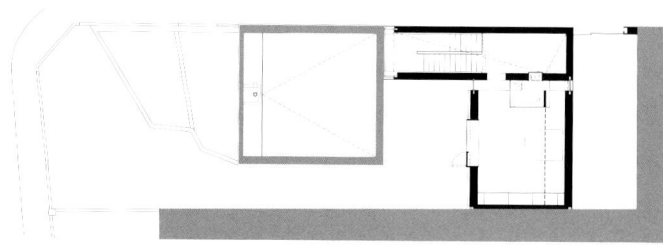

Dachgeschoss

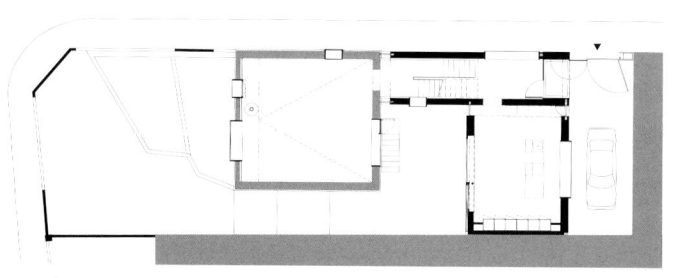

Erdgeschoss

Gebäudedaten

Grundstücksgröße: 300 m²
Wohnfläche vorher/nachher: 78 m²/232 m²
Zusätzliche Nutzfläche vorher/nachher: 48 m²/118 m²
Anzahl der Bewohner: 4
Bauweise: Mauerwerk aus Ziegeln, Betonsteinen und Naturstein (Keller Bestand)
Baukosten gesamt: 360.000 € (netto)
Baujahr Bestand: 1920
Fertigstellung Umbau: 2011

DIALOG ZWISCHEN NEU UND ALT

Haus Emmzett in Magdeburg

Ulrich Müller Architekt

Mit dem Haus Emmzett erhält eine Scheune des eingemeindeten Bördedorfs in Magdeburg einen markanten Nachbarn: Die hellgraue Putzfassade des Neubaus kontrastiert mit dem roten Bruchsteinmauerwerk seines Gegenübers. Verweist die Scheune auf die Tradition, so bekennt sich das elegante Einfamilienhaus mit fassadenbündigen Fenstern und Flachdach zur nüchternen Moderne. In seinem Entwurf kam es dem Berliner Architekten Ulrich Müller darauf an, diesen Dialog zwischen Alt und Neu auch für die Wohnqualität zu nutzen. Das alte Mauerwerk bleibt auch in den Innenräumen präsent, es zeigt sich hinter den großen Fensteröffnungen, die Ausschnitte der Mauer wie abstrakte Bilder rahmen.

Im Zentrum des Hauses, das mittig auf dem nur 15 Meter breiten und 65 Meter tiefen Grundstück platziert ist, steht ein großzügiger offener Wohnbereich, der das kommunikative Zentrum des Familienlebens bildet. Da die Bauherrin gern kocht, ist auch die Küche Teil der fließenden Flächen, die sich mit raumhohen Fenstern auf den Garten öffnen. Durchgehender Sichtestrich, weiße Wände und Einbaumöbel bestimmen die helle Atmosphäre der Gemeinschaftszonen. Bei Bedarf können die Bereiche durch Schiebetüren aus transluzentem Polykarbonat voneinander getrennt werden, sodass im Winter unterschiedliche Heizbereiche entstehen. Die Treppe befindet sich an der fensterlosen Ostseite, wo auch die Nebenräume untergebracht sind.

Auf den Böden im ersten Stock ist Eichenparkett verlegt, das den Räumen einen warmen, privaten Charakter gibt. Bäder und Schlafzimmer liegen an beiden Seiten entlang eines mittigen Flurs. Ein Oberlicht und ein raumhohes Fenster, das den Blick auf die benachbarte Scheune lenkt, streuen Tageslicht in die Erschließungszonen. Im Westen öffnet sich der zentrale Gang zu einem offenen Arbeitsbereich. Der Eingang des eleganten Wohnkubus liegt im Süden unter einem Vordach, das den Rhythmus der Fensteröffnungen auf stimmige Weise ergänzt.

1 *Unterschiedliche Fensterformate rhythmisieren die Gartenfassade. Der Wohnbereich im Erdgeschoss ist durch raumhohe Glasflächen belichtet und öffnet sich mit einer Schiebetür zur Terrasse.*

1 Durchgehender Sichtestrich fasst die Wohnflächen im Erdgeschoss zu einem offenen Kontinuum. Der nach Norden orientierte Essbereich ist der offenen Küche zugeordnet.

2 Schiebetüren aus transluzenten Polykarbonatplatten trennen die einzelnen Bereiche im offenen Erdgeschoss bei Bedarf, sodass unterschiedliche Heiz- und Wärmezonen entstehen können.

3 Die weißen Putzflächen der Fassaden kontrastieren mit dem Bruchsteinmauerwerk der benachbarten Scheune. Ein schlichtes Vordach schützt den Eingang.

Ulrich Müller

» Wir haben die vorherige Wohnsituation der Bauherren analysiert und Wünsche für den Neubau daraus abgeleitet. Die permanente Arbeit am Modell hat sich rundherum ausgezahlt. «

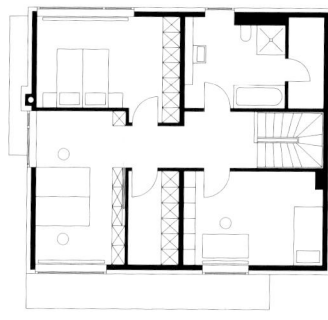

Obergeschoss

Erdgeschoss

Gebäudedaten

Grundstücksgröße: 860 m²
Wohnfläche: 133 m²
Zusätzliche Nutzfläche: 14 m²
Anzahl der Bewohner: 2
Bauweise: Kalksandstein
Baukosten gesamt: 185.000 €
Fertigstellung: 2010

OPTIMALE ERGÄNZUNG

Um- und Anbau in Langenargen
am Bodensee

Florian Nagler Architekten

Als die junge Bauherrenfamilie die Villa aus den 1920er-Jahren in Langenargen am schwäbischen Bodenseeufer erworben hatte, war die Wohnfläche mit 120 Quadratmetern noch ausreichend für den Alltag mit einem Kind. Doch bald war das Haus für die nunmehr fünfköpfige Familie zu klein geworden. Der Anbau und die Sanierung sollten deshalb das Raumprogramm deutlich erweitern und energetische Standards setzen, ohne den Charakter des schönen Bestandsgebäudes zu beeinträchtigen.

Der Münchner Architekt Florian Nagler konzipierte für die Erweiterung die Überbauung der Gartenterrasse im Süden. Über die Grundfläche des Hauses wurde ein neues Dach gespannt. Seine Form orientiert sich am ursprünglichen Walmdach des Bestands, dessen Firstrichtung neu ausgerichtet wurde. Statt der ursprünglichen gelben Putzfassaden präsentiert sich das Haus heute mit einer vornehmen Außenhülle aus grau lasierter, sägerauer Weißtanne. Weiße Fensterrahmen stärken die klaren Proportionen des Gebäudes und stechen optisch aus den matt schimmernden Fassaden hervor.

Im Inneren entstanden durch den Umbau insgesamt 100 Quadratmeter zusätzliche Wohnfläche. Die frühere Gartenterrasse wird heute als Loggia genutzt. Die großzügige Verglasung des zentralen Wohnraums im Erdgeschoss lenkt das Licht in die durchgängigen Gemeinschaftszonen und die rückwärtige offene Küche. Im ersten Stock des Hauses entstanden neben dem vorhandenen Gäste- und Kinderzimmer zwei weitere Räume, sodass jedes Kind nun seinen eigenen Bereich hat. Das Schlaf- und Arbeitszimmer der Eltern unter dem Dach öffnet sich mit großen Gaubenfenstern Richtung Osten und Westen.

Die Bauherrenfamilie und der Architekt wählten reduzierte Materialien sowie einfach aufzufrischende und robuste Oberflächen, die sich im Alltag mit Kindern bewähren. In den Innenräumen ist durchgängig geöltes Eichenparkett verlegt. Die Wände sind weiß verputzt, und der neue, scharrierte Betonsockel auf der Gartenseite wirkt durch seine raue Oberfläche wie ein Teil der historischen Bausubstanz.

1 *Klare Proportionen: Nach dem Umbau ist die Gartenterrasse des Hauses überdacht und wird nunmehr als wettersichere Loggia genutzt. Die weißen Fensterrahmen stechen aus der Fassade aus grau lasierter Weißtanne hervor.*

1+2 Der großzügige Wohnbereich im Erdgeschoss bietet verschiedene Zonen und Nutzungsmöglichkeiten. Das durchgängige geölte Eichenparkett hat sich dank seiner Belastbarkeit und Strapazierfähigkeit im Alltag mit Kindern bewährt.

3+4 Die Küche ist als zweckmäßiger eigener Bereich konzipiert, der mit dem Wohnraum verbunden ist und doch eine eigene Atmosphäre hat. Der Esstisch, der sich in Sichtweite zur Kochzeile befindet, bietet Platz für alle Familienmitglieder und ihre Freunde.

5 Kindererker: Das eigene kleine Reich der Kinder ist mit einer Stufe vom Wohnraum abgesetzt. Am niedrigen Tisch wird gemalt, gebastelt und manchmal auch gegessen.

1 Auf der Nordwestseite entstand ein neuer Eingangserker, der in Holztafelbau mit Massivholzdecken errichtet wurde.

2 Raumhohe Fenster öffnen den großen Wohnraum auf die vorgelagerte Loggia, die in den Garten übergeht und die Wohnfläche erweitert.

Florian und Barbara Nagler

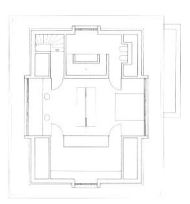

Dachgeschoss

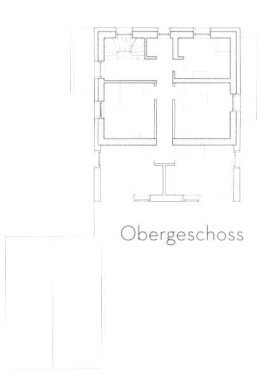

Obergeschoss

» Durch Drehung der Firstrichtung konnten wir auf Anbauten verzichten und ein Zimmer für jedes Kind sowie einen Rückzugsbereich für die Eltern vorsehen. «

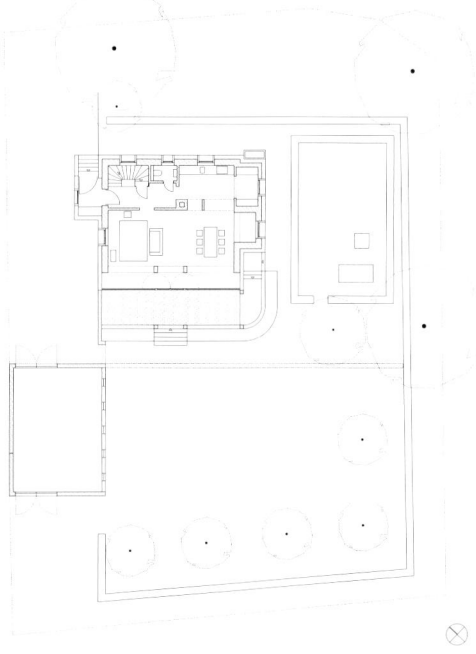

Erdgeschoss

Gebäudedaten

Grundstücksgröße: 1.200 m²
Wohnfläche: 220 m²
Zusätzliche Nutzfläche: 30 m²
Anzahl der Bewohner: 5
Bauweise: massiv (Bestand), Holz (Erweiterung)
Baukosten gesamt: 375.000 €
Fertigstellung: 2011

RÜCKZUG UND AUSBLICK

Otium-Haus in Nitra-Drážovce (Slowakei)

Sebastian Nagy Architects

Von Weitem betrachtet, könnte man den eingeschossigen Bau, der sich zwischen die Bäume des Pfarrgartens schiebt, fast für ein ehemaliges landwirtschaftliches Anwesen halten: Seine unregelmäßig gemauerte Bruchsteinfassade und das schlichte Blechdach vermitteln einen ebenso rustikalen wie spröden Charme. Tatsächlich jedoch handelt es sich bei dem Gebäude in der westslowakischen Gemeinde Nitra-Drážovce um das neue Domizil des ortsansässigen katholischen Priesters. Einfachheit und bescheidene Zurückhaltung waren bei der Planung des Pfarrhauses schließlich oberstes Gebot – zumal der finanzielle Rahmen der Kirchenverwaltung knapp bemessen war.

Der Architekt Sebastian Nagy konzipierte das Otium-Haus – benannt nach dem lateinischen Wort für Muße – als einen Ort der Ruhe und des Rückzugs: ein Atriumbau, allseitig umschlossen von massiven Steinmauern und beschirmt von einem tief herabgezogenen Satteldach, das aus diesen Mauern herauszuwachsen scheint. Das Interieur hingegen gestaltete er als lichte, offene Wohnlandschaft, die eher an ein modernes Stadtappartement als an ein ländliches Pfarrhaus erinnert.

Weiße Wände, heller Steinboden sowie maßgefertigte Einbauten sorgen optisch für Großzügigkeit und täuschen geschickt darüber hinweg, dass sich Wohnen und Arbeiten hier auf sehr überschaubarer Fläche abspielen. An die Individualräume, die auf der nordwestlichen Gebäudehälfte kompakt zusammengefasst sind, schließt sich unmittelbar der offene Wohn-, Koch- und Essbereich an. Eine durchlaufende, deckenhohe Glasfront holt viel Tageslicht herein und öffnet sich auf einen geschützten Innenhof. Dabei wird die gegenüberliegende klassizistische Kirche St. Francis Xavier gekonnt in Szene gesetzt: An der östlichen Gebäudeecke sind die Umfassungsmauern des Atriums so weit herabgezogen, dass der Blick ungehindert über die massiven Wände hinweg nach draußen gleiten kann und direkt auf den Glockenturm fällt.

1 Mit seinen massiven Bruchsteinmauern und dem tief herabgezogenen Satteldach scheint das Haus fast aus dem Gelände herauszuwachsen. Der Innenhof bildet eine Übergangszone zwischen öffentlichem und privatem Raum.

1 Weiß getünchte Decken und Wände sowie helle, großformatige Bodenfliesen aus Keramik lassen das Interieur licht und weit wirken. Die Küche schließt sich direkt an den offenen Wohnbereich an.

2 Die durchlaufende Glasfront im Wohnbereich ist leicht aus der Achse gedreht und fokussiert gezielt den Ausblick auf den gegenüberliegenden Kirchturm. Auch die Umfassungsmauer ordnet sich dieser Sichtachse unter.

3 Wesentlich verschlossener zeigt sich die Fassade im Nordwesten. Die Öffnungen sind zu breiten Fensterbändern zusammengefasst und belichten die privaten Zimmer sowie das Büro.

Sebastian Nagy

» Das Atrium schafft die nötige Privatsphäre und Distanz zum öffentlichen Raum, ohne die Sichtachse zwischen Wohnhaus und Kirche zu unterbrechen. «

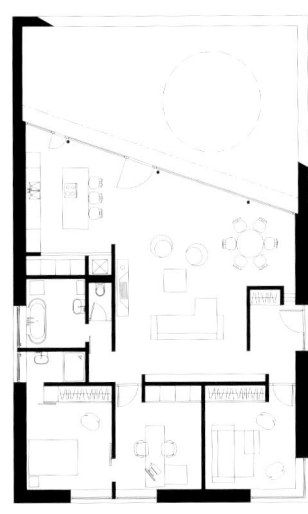

Grundriss

Gebäudedaten

Grundstücksgröße: 2.017 m²
Wohnfläche: 130 m²
Anzahl der Bewohner: 2
Bauweise: Mauerwerk, Bruchstein
Baukosten gesamt: 180.000 €
Fertigstellung: 2011

HAUS FÜR ELTERN UND FÜR KINDER

Familiendomizil in Leiden (Niederlande)

Pasel.Künzel Architects

Als die junge Bauherrenfamilie beschloss, aus ihrer beengten Wohnung im niederländischen Leiden in ein neues Quartier im Norden der Stadt zu ziehen, überzeugte sie vor allem die zentrumsnahe Lage des schmalen Eckgrundstücks. Gemeinsam mit den Architekten Ralf Pasel und Frederik Künzel vom Büro Pasel.Künzel Architects entstand der Plan, auf dem mehr als 30 Meter langen, schmalen Baugrund ein Einfamilienhaus zu errichten, das trotz der urbanen Dichte des neuen Stadtviertels viel Privatsphäre zulässt.

Die Bebauungsvorschriften und die extreme, konisch zulaufende Grundstücksform waren ausschlaggebend für eine ungewöhnliche Grundrissorganisation. Die Schmalseiten des flachen Hauses werden von zweigeschossigen Gebäudekörpern begrenzt. Die beiden Volumen sind in den Obergeschossen getrennt und nehmen dort die Rückzugsbereiche für die Kinder einerseits und für die Eltern andererseits auf.

Das durchgängige Erdgeschoss bietet großzügige Gemeinschaftszonen und fächert diese ohne Türen um einen 30 Quadratmeter großen Patio auf. Durch die Glasflächen zum Hof bleiben das Wohnzimmer und der Essbereich stets mit der Küche in Sichtkontakt. Lärchenlatten schotten den zentralen Hof von der Straße ab.

Die Treppen zu den westlichen und östlichen Gebäudeköpfen ordneten die Architekten so an, dass der Blick von der Kinder- zur Elterntreppe und zurück fällt. Zusätzlich verbindet eine große Dachterrasse die ansonsten getrennten Obergeschosse.

Nach außen grenzt sich das Haus sorgfältig ab. Nur zwei schmale, horizontal liegende Fenster öffnen die weißen Fassaden und lenken den Blick von der Küche und vom Wohnzimmer auf die Straße. Schlichte weiße Wände geben den insgesamt 228 Quadratmetern eine freundliche Stimmung. Erschien die extreme Länge des Grundstücks auf den ersten Blick als schwierige Voraussetzung für die Planung, so entpuppt sie sich heute als besondere Wohnqualität.

1 *Die beiden Kopfbauten des Hauses fassen im Obergeschoss das Reich der Kinder auf der einen und das der Eltern (Foto) auf der anderen Seite. Sie sind über eine große Terrasse verbunden und stehen in klarem Bezug zueinander, obwohl sie voneinander getrennt sind.*

1+2 Die helle, durchgängige Wohnlandschaft im Erdgeschoss kommt ohne Türen aus. Der zentrale Patio gliedert den Grundriss und schafft durch bodentiefe Fensterflächen Bezüge zwischen dem Wohnzimmer und der Küche.

3 Die Küche öffnet sich mit einem horizontalen Fensterband zur Straßenseite. Sie beschränkt sich auf weiße Oberflächen und bekräftigt so den minimalistischen Duktus des gesamten Hauses.

4 Wie Himmelsleitern führen vom zentralen Eingangsbereich aus zwei Holztreppen in die Kinder- und die Elternzone im Obergeschoss. Blickachsen sorgen dabei für Überschaubarkeit und schaffen klare Bezugspunkte zwischen den Treppenhäusern.

1

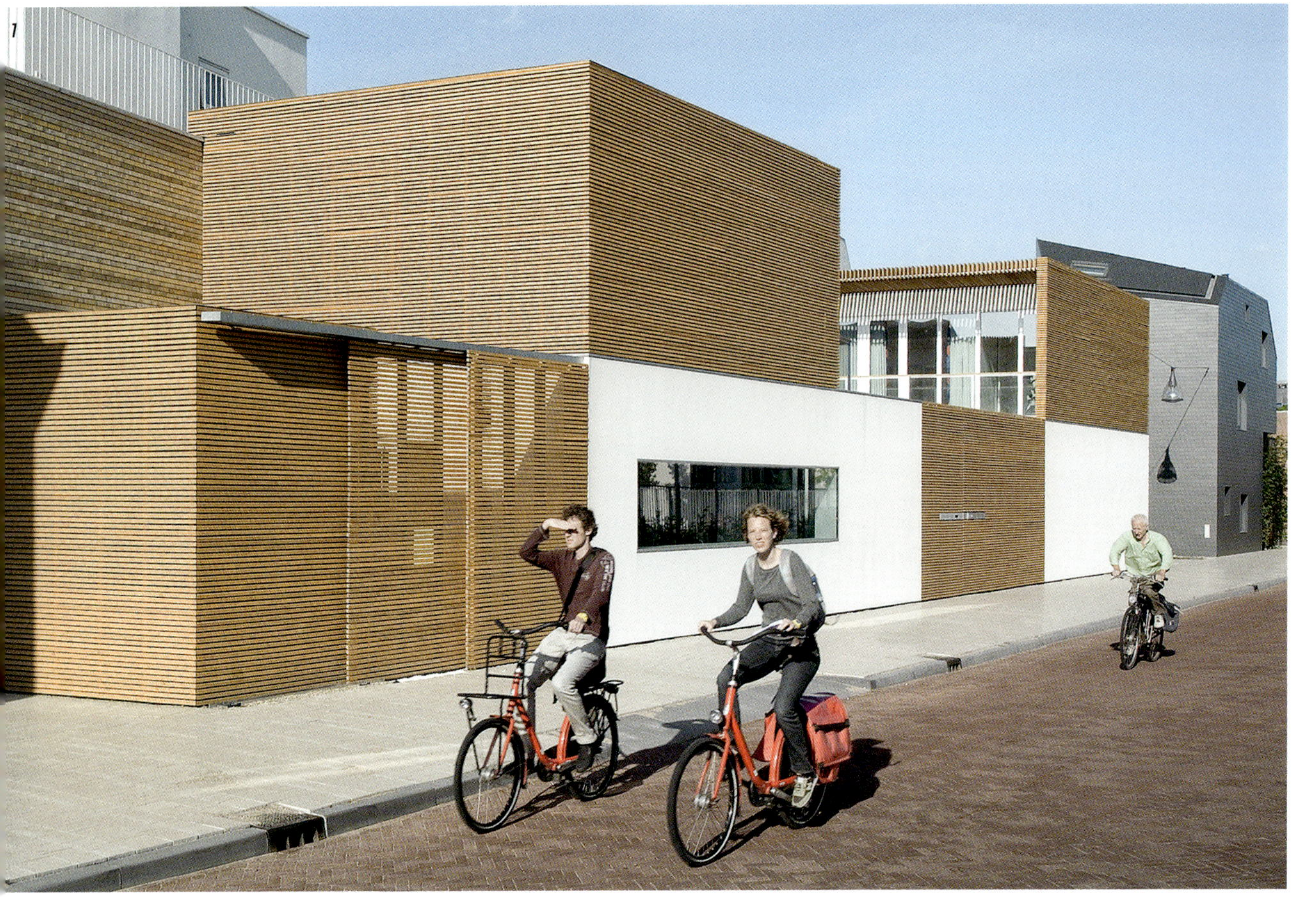

2

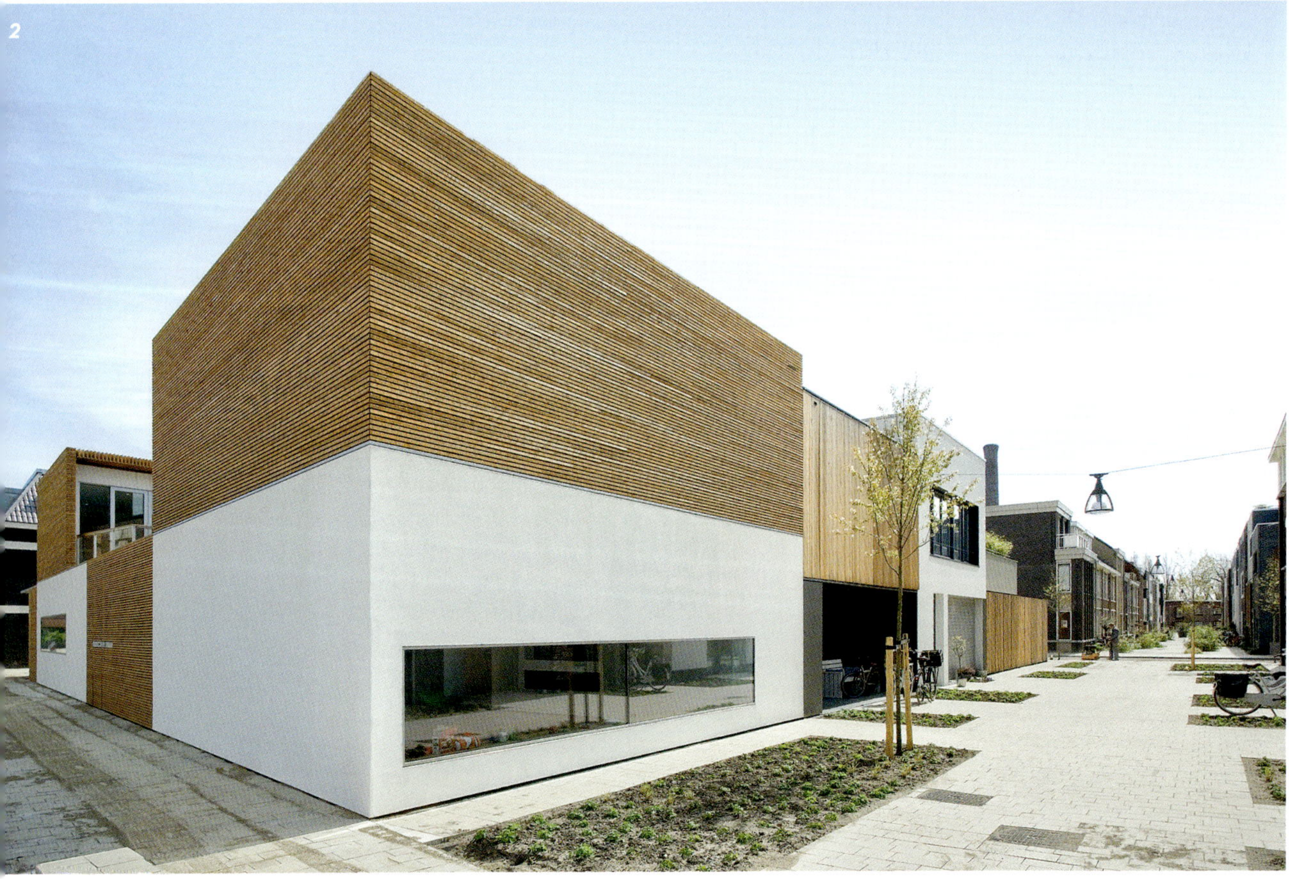

1+2 *Lärchenholzlatten umhüllen den klaren Baukörper und wechseln sich im Rhythmus mit weißen Putzflächen und sparsam platzierten Fensterbändern ab. Obwohl sich das neue Familiendomizil in einem sehr dicht besiedelten Stadtteil befindet, bieten die Innenräume viel Privatsphäre für den Alltag.*

Ralf Pasel und Frederik Künzel

》 Beim Planen eines Einfamilienhauses können eigenwillige Umstände wie Form und Lage des Grundstücks zu völlig neuen Ansätzen für Wohnformen führen. 《

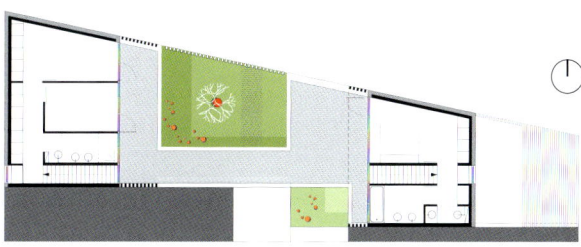

Obergeschoss

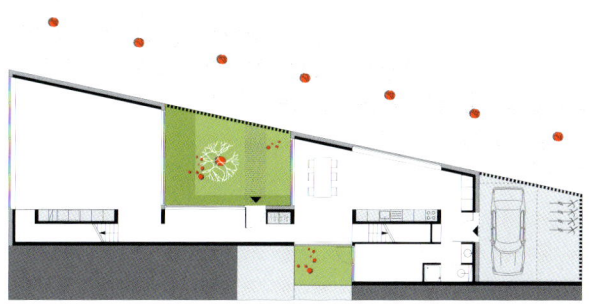

Erdgeschoss

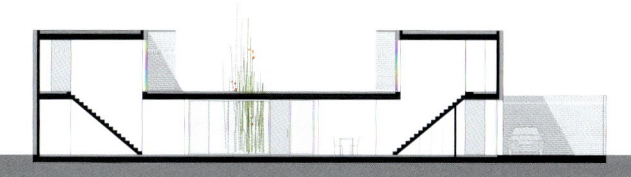

Schnitt

Gebäudedaten

Grundstücksgröße: 205 m²
Wohnfläche: 228 m²
Zusätzliche Nutzfläche: 9 m²
Anzahl der Bewohner: 3
Bauweise: Kalksandstein, Beton und Holz
Baukosten gesamt: 370.000 €
Fertigstellung: 2011

KLASSISCHE PROPORTIONEN

Einfamilienhaus in Lienen

Pellemeier Architekten

Das neue Zuhause und Büro der Architekten Daniela und Lars Pellemeier liegt auf einer Kirschbaumwiese in Lienen am Rand des Teutoburger Walds. Zwischen den Bäumen spannt sich das Zeltdach des Hauses über rotbraunen Klinkerfassaden auf. Schmale Lisenen gliedern die Außenwände des klassizistisch anmutenden Quaders. Im Norden befindet sich die Eingangsseite mit mittig platzierter Haustür, an der Gartenseite im Süden hingegen ist ein Portikus vorgesetzt, der im ersten Stock einen Balkon aufnimmt. Der Massivbau öffnet sich mit großen Fenstern auf drei Seiten zur umlaufenden Terrasse und zum Garten.

Die Wohn- und Arbeitsräume sind um eine zentrale Eingangshalle gruppiert, deren Luftraum das Erdgeschoss mit dem ersten Stock verbindet. Die Küche liegt im Norden und als eigenständiger Raum vom angrenzenden Wohnraum abgetrennt. Im rückwärtigen Teil des Hauses gehen die großzügigen Flächen des Ess- und Kaminbereichs ineinander über. Die Arbeitsräume und Büros der Architekten befinden sich im westlichen Gebäudeteil und in gebührendem Abstand zu den Privaträumen.

Die Galerie im ersten Stock ist als heller Wohnflur mit Südbalkon konzipiert. Beidseitig sind die zwei Kinder- und ein Elternschlafzimmer sowie ein großes Bad angeschlossen. Parkettböden und Fensterrahmen aus heimischer Eiche, das schlichte Treppengeländer aus dunklem Stahl und die nüchternen weißen Wände, deren Untergrund aus Kalkzementputz mit mineralischer Farbe gestrichen wurde, verleihen den Räumen eine unaufgeregte Atmosphäre.

Mit Bedacht setzten Daniela und Lars Pellemeier regionale Materialien bei der Planung des Hauses ein. Holz und Klinker haben nicht nur ökologische Vorzüge, sondern sind auf lange Sicht auch kostengünstig. Die Kombination aus Erdsondenwärmepumpe, Solaranlage sowie einem zentralen Kamin reduziert die Heizwerte auf Niedrigenergiestandard.

1 Über die rotbraunen Klinkerfassaden des Hauses spannt sich ein Zeltdach. Schmale Lisenen und der strenge Fensterrhythmus erinnern an klassizistische Vorbilder.

1 Richtung Süden breitet sich der großzügige Wohnbereich mit Kamin und raumhohen Fenstern zum Garten aus. Die Küche lässt sich durch eine Schiebetür abtrennen.

2 Von der Eingangshalle führt eine Treppe in den ersten Stock, der durch einen Luftraum mit dem Erdgeschoss verbunden ist. Das Eichenparkett unterstreicht die zurückhaltende und klassische Anmutung der Räume.

3 Die mittige Kochinsel in der Küche wird an ihrer Schmalseite als Bistrotisch genutzt. Ein hölzerner Einbauschrank fasst die Multimediazentrale, welche die gesamte Haustechnik steuert.

Daniela und Lars Pellemeier

» Ein positiver Nebeneffekt ist, dass die Klinkerfassade an warmen Tagen die Sonnenenergie speichert und abends wieder abstrahlt. So kann man die Terrasse bis in die Abendstunden nutzen. «

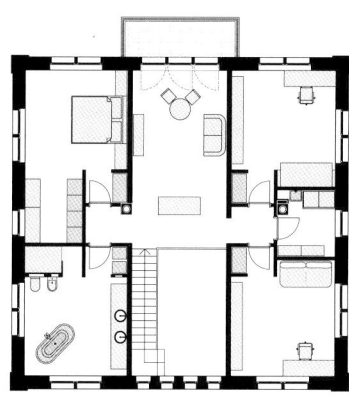

Obergeschoss

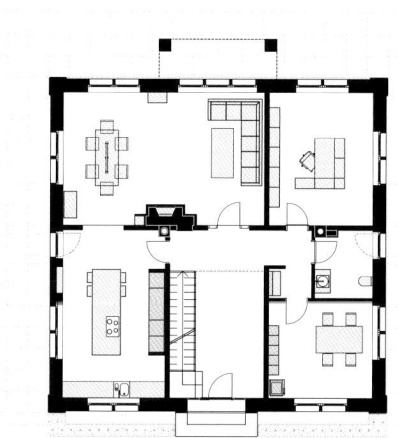

Erdgeschoss

Gebäudedaten

Grundstücksgröße: 8.400 m²
Wohnfläche: 240 m²
Zusätzliche Nutzfläche: 70 m²
Anzahl der Bewohner: 2–4
Bauweise: zweischaliges Mauerwerk mit vorgesetzter Klinkerfassade
Baukosten gesamt: 450.000 €
Fertigstellung: 2010

RAUM IST IN DER KLEINSTEN HÜTTE

Umbau einer Scheune zum Ferienhaus im Wallis (Schweiz)

Savioz Fabrizzi Architectes

Nur ein schmales Sträßchen durchzieht den Weiler Le Biolley im Wallis. Rechts und links davon sind Ställe, Scheunen und Bauernhäuser kaskadenartig an den steilen Hang gebaut. Die meisten von ihnen sind mittlerweile zu Wohngebäuden oder Wochenenddomizilen geworden, wie auch die ehemalige Scheune, die das Büro Savioz Fabrizzi zu einem Ferienhaus umgestaltet hat. Zuvor hatte der einfache Zweckbau jahrelang leer gestanden – ein winziges, turmartig aus dem Gelände ragendes Gebäude, in dessen Natursteinsockel sich früher der Viehstall befand. Die Holzhütte darüber diente als Heuschober.

Aufgabe der Architekten war es, das heruntergekommene Gebäude in ein komfortables Feriendomizil für eine vierköpfige Familie zu verwandeln, ohne dabei den Charakter der alten Scheune zu verändern. Viel Spielraum für dieses Vorhaben bot sich allerdings nicht, zumal das Haus gerade einmal 48 Quadratmeter Nutzfläche hat, die sich auf drei Ebenen verteilen. Mit geschickter Planung, platzsparenden Lösungen und pfiffigen Details gelang es jedoch, in den vorhandenen Baukörper zeitgemäße Wohnräume zu implantieren, ohne größere Eingriffe in der äußeren Gebäudehülle vornehmen zu müssen. Alle drei Geschosse wurden innenseitig gedämmt und mit Lärchenholz verkleidet, das sich wie eine zweite schützende Schale um die Räume legt. Maßgefertigte Einbauten aus dem gleichen Holz lassen das Interieur wie aus einem Guss erscheinen und sparen zusätzliche Möbel.

Das Zentrum des Familienlebens ist die Wohnküche in der mittleren Ebene: Sie erhält über ein deckenhohes, bündig in der Außenwand sitzendes Panoramafenster viel Licht und bietet schöne Ausblicke in die weite Berglandschaft. Über eine extrem steile, schmale Treppe gelangt man zum Elternzimmer unter dem Dach. Das winzige Duschbad sowie die Schlafkojen der Kinder liegen im Untergeschoss. Auf der Talseite ersetzt eine Glastür das frühere Stalltor und sorgt auch in dieser Ebene für angenehme Helligkeit.

1 *In den winzigen Speicher, der von außen fast original erhalten blieb, implantierten die Architekten ein modernes Feriendomizil. Nur die neue, bündig in den Steinsockel eingelassene Glasfront deutet auf die heutige Nutzung hin.*

1 Die Eckbank vor dem deckenhohen Aussichtsfenster am Essplatz ist ein begehrter Logenplatz zu jeder Jahreszeit. Von hier aus hat man das faszinierende Bergpanorama stets im Blick.

2 In der kleinen Wohnküche in der Eingangsebene wirkt alles wie aus einem Guss. Bodendielen sowie Wand- und Deckentäfelungen sind aus Lärchenholz und sorgen für gemütliches Ferienhaus-Flair.

3 Der schlichte, aber handwerklich perfekte Innenausbau setzt sich auch im Elternzimmer im Dachgeschoss fort. Ein schmaler Sehschlitz belichtet den Raum auf der Talseite.

Claude Fabrizzi und
Laurent Savioz

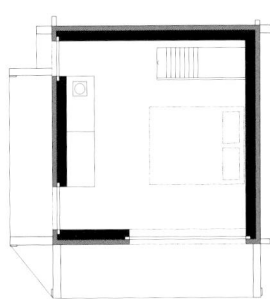

Dachgeschoss

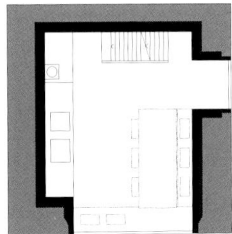

Erdgeschoss

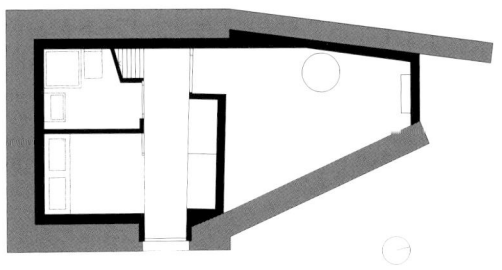

Hanggeschoss

》 Besondere Herausforderung war es, innerhalb des extrem kleinen Volumens und ohne große Eingriffe in die historische Substanz zeitgemäße Wohnräume zu schaffen. 《

Gebäudedaten

Grundstücksgröße: 70 m²
Wohn- und Nutzfläche: 48 m²
Anzahl der Bewohner: 4
Bauweise: Natursteinmauerwerk, Holzkonstruktion
Baujahr Bestand: ca. 1871
Fertigstellung Umbau: 2012

REVOLUTION VON INNEN
Umbau eines Reihenhauses in Schweinfurt, Bayern

Schlicht Lamprecht Architekten

Wer die Reihenhauszeile in dem ruhigen Schweinfurter Wohnviertel entlang spaziert, erkennt kaum, dass eines der Gebäude radikal umgebaut wurde. Da es sich um eine Eigentümergemeinschaft handelt, wären Eingriffe in die Fassade hier auch nicht möglich gewesen. Die Architekten Stefan Schlicht und Christoph Lamprecht tauschten daher nur die Fenster aus und konzentrierten sich im Übrigen auf das Innere der Immobilie.

Das Objekt, das sich ihre Auftraggeber ausgesucht hatten, gehörte zur architektonischen Konfektionsware der 1970er-Jahre – ein schmales, unscheinbares Reihenhaus, dessen Substanz zwar solide, aber sichtlich in die Jahre gekommen war. Der Grundriss wirkte bedrückend eng, doch die Schottenbauweise bot einen großen Vorteil: Da die Decken von Haustrennwand zu Haustrennwand spannen, konnten fast alle Innenwände entfernt oder versetzt werden.

Mit Sinn für Raumökonomie und raffinierten Details verwandelten die Planer das biedere Eigenheim in ein lichtdurchflutetes, modernes Familiendomizil. Im Erdgeschoss entstand ein Allraum mit Küche, Ess- und Wohnbereich, der sich über eine gebäudebreite Glasschiebefront in den Garten erweitert. Einschneidende Veränderungen fanden auch im Obergeschoss statt, wo zwei Kinderzimmer zu einem großen Schlafraum zusammengefasst wurden und das Bad spürbar an Fläche gewonnen hat.

Dass nirgendwo ein beengtes Gefühl aufkommt, liegt am durchdachten Innenausbau, der wichtiger Bestandteil des architektonischen Konzepts ist. Im Eingangsbereich etwa ersetzt ein multifunktionales Einbaumöbel die ehemalige Trennwand und fungiert als Raumteiler, Garderobe und Küchenschrank zugleich. Besonderer Blickfang am Essplatz ist eine alkovenartige Wandnische, die als Sitzbank dient. Wenige Farben und Materialien tragen zum stimmigen Wohnambiente bei. Der durchgehende Eichenboden bindet die Räume auch optisch zusammen und harmoniert gut mit den Holzstufen der alten Treppe, die liebevoll renoviert wurde.

1 *Nach dem Wegfall der Trennwände gehen Küche, Ess- und Wohnbereich im Erdgeschoss offen ineinander über. Durchgängig verlegte Eichenholzdielen verstärken den Eindruck eines fließenden Raumkontinuums.*

1 Möbeleinbauten gliedern das Erdgeschoss und bieten zusätzlichen Stauraum, ohne das Interieur zu dominieren. Besonderer Blickfang ist die beleuchtete Sitznische im Zentrum, die sich nahtlos an die Küchenzeile anschließt.

2 Im Obergeschoss wurden zwei Kinderzimmer zu einem Schlafraum zusammengefasst. Maßgefertigte Einbauten und deckenhohe Türöffnungen sorgen hier – wie auch im ganzen Haus – für einen großzügigeren Raumeindruck.

3 Geräumig wirkt auch das neu gestaltete Bad. Die satinierte Schiebetür ist platzsparend und lässt diffuses Licht in den Flur fallen. Praktisch und schön ist die Wandverkleidung über der Wanne – eine dunkelbraune Resopal-Platte mit Ornamentmotiven.

1 Der dunkle Windfang ist zum lichten Flur geworden. Eine Glastür teilt ihn vom Wohnbereich ab, sandfarbene Bodenfliesen sowie ein deckenhoher Spiegel lassen den schmalen Raum größer wirken. Der Einbauschrank rechts ersetzt die Trennwand zur Küche.

2 Schön in der Reihe: Die Eingangsfassade des Hauses blieb nahezu unverändert. Neue Holz-Alu-Fenster verbessern die Dämmwerte und auch den Schallschutz zur Straße hin.

Christoph Lamprecht und Stefan Schlicht

» Die Schottenbauweise erlaubte es, viele Trennwände zu entfernen und große zusammenhängende Räume zu schaffen, die auch mehr Licht ins Innere dringen lassen. «

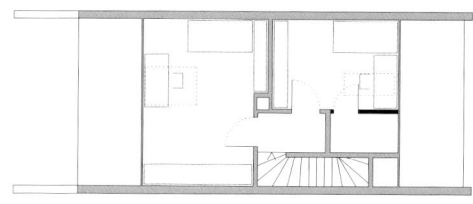

Dachgeschoss

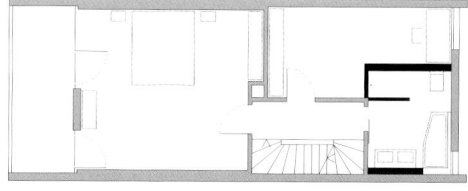

Obergeschoss

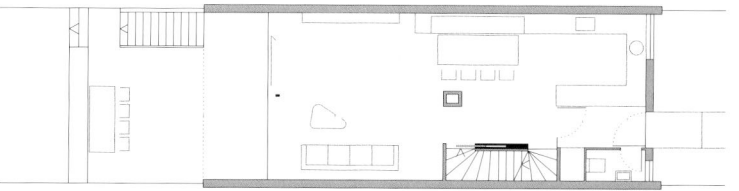

Erdgeschoss

Gebäudedaten

Grundstücksgröße: 220 m²
Wohnfläche: 145 m²
Zusätzliche Nutzfläche: 35 m²
Anzahl der Bewohner: 2
Bauweise: massiver Schottenbau
Baukosten gesamt: 125.000 €
Baujahr Bestand: 1971
Fertigstellung Umbau: 2013

NEUE HÜLLE, ALTER KERN

Umbau und Erweiterung eines Hauses in Vorarlberg (Österreich)

Jochen Specht

Das schlichte Satteldachhaus aus den 1960er-Jahren war keine Schönheit – und mittlerweile auch viel zu klein für die vierköpfige Architektenfamilie. Trotzdem war der Altbau seinen langjährigen Bewohnern ans Herz gewachsen, nicht zuletzt wegen seiner fantastischen Lage an einem Steilhang oberhalb von Dornbirn mit Blick über das Rheintal und den Bodensee. Aus dem Wunsch, die Wohnfläche zu erweitern, entstand die Idee, eine neue Gebäudehülle mit Abstand um das alte Haus herum zu bauen und damit auch seine Energieeffizienz zu verbessern.

Da außer dem massiven Mauerwerk keine erhaltenswerte Substanz vorhanden war, versetzte der Architekt Jochen Specht das Gebäude in den Rohbauzustand zurück. Für die neue Hülle wählte er eine leichte, hochwärmegedämmte Holzkonstruktion, die in klarem Kontrast zum gemauerten Altbau steht. Nach dieser eigenwilligen Transformation präsentiert sich das einst weiß verputzte Haus nun mit gläsern-transparenter Außenhaut, die von geschlossenen dunklen Holzpaneelen unterbrochen wird. So entsteht ein schachbrettartiges Fassadenmuster, aus dem sich auch im Gebäudeinneren offenere und geschütztere Bereiche ergeben.

Eine schnurgerade Treppe verbindet alle drei Geschosse miteinander. Sie endet in der obersten Etage, dem Zentrum des Familienlebens mit Panoramablick in die freie Landschaft. Um den massiven Gebäudekern, in dem die Essküche und die Sanitärräume untergebracht sind, gruppieren sich Wohnbereich, Elternschlafraum, Ankleide und Kinderzimmer. Der Bestand bleibt auch im Neubau erlebbar – frühere Fensteröffnungen sind beispielsweise zu Durchgängen geworden, sodass man um das innere Haus herumlaufen kann. Auch die Materialwahl unterscheidet klar zwischen Alt und Neu: Weiße Putzfronten kontrastieren mit hellen Holzvertäfelungen aus Fichte-Dreischichtplatten. Verbindendes Element zwischen beiden Hausteilen ist ein durchgehender geschliffener Estrichboden, der die Räume auch optisch zusammenfasst.

1 Nach dem Umbau hat das Haus nicht nur an Fläche, sondern auch an Profil gewonnen. Die Rahmenfelder der neuen Gebäudehülle sind mit Glasscheiben oder dunkel beschichteten Holztafeln gefüllt, woraus sich ein schachbrettartiges Fassadenmuster ergibt.

1 Auch im Innern ergibt sich durch die ungewöhnliche Fassadenstruktur ein spannungsvolles Wechselspiel von offenen und geschlossenen Flächen, von exponierten und sichtgeschützten Bereichen.

2 Auf der Hangseite reihen sich Kinderzimmer, Ankleide und Elternschlafraum in einer Achse aneinander. Unter dem Giebel dient eine kleine Spielgalerie als erhabener Aussichtsposten und geheimer Rückzugsort zugleich.

3 Das innere Haus wurde überall dort geöffnet, wo mehr Licht und Raum benötigt wurden, sodass fließende Übergänge zwischen Alt und Neu entstanden.

4 Die fantastische Aussicht auf das Talpanorama lässt in der Wohnebene im Obergeschoss ganz neue Raumqualitäten entstehen. Mit Wand- und Deckenverkleidungen aus Fichtenholz hebt sich der Neubau deutlich vom massiven Bestand ab.

1 Mit seiner archetypisch einfachen Form und der dunklen Farbgebung fügt sich das Haus trotz seiner exponierten Lage harmonisch in die Landschaft ein. Zur Talseite hin wurde das Gebäude um gut vier Meter verlängert.

2 Wie eine Himmelsleiter verbindet die flankierende Treppe alle drei Geschosse miteinander. Im Wohnbereich dient ein schwarz lackiertes Metallgeflecht als Absturzsicherung – und sorgt zugleich für Blicktransparenz.

3 Entlang der Fassade kann man um das innere Haus herumlaufen. Das Bad ist zugleich Zugangsbereich zum Elternzimmer, an die Bibliothek im Hintergrund schließt sich der Wohnraum an.

Jochen Specht

》 Der Altbau sollte auch im neuen Haus erlebbar bleiben: Überall gibt es Durchblicke und Sichtachsen, ehemalige Fenster sind zu Wandöffnungen oder Durchgängen geworden. 《

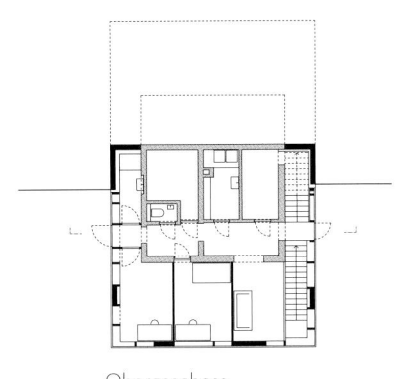

Obergeschoss

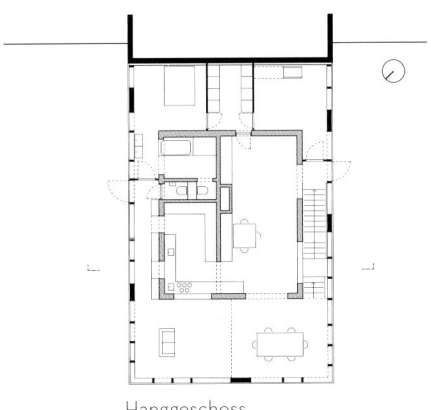

Hanggeschoss

Gebäudedaten

Grundstücksgröße: 1.270 m²
Wohnfläche vorher/nachher: 85 m²/204 m²
Zusätzliche Nutzfläche vorher/nachher: 20 m²/34 m²
Anzahl der Bewohner: 4
Bauweise: Betonziegelmauerwerk (Bestand), Holzskelettkonstruktion (Neubau)
Baujahr Bestand: 1961
Fertigstellung Umbau: 2013

DER TRICK MIT DEM KNICK

Einfamilienhaus in Hörbranz (Österreich)

Juri Troy Architects

Mit Blick fürs Wesentliche plante der Architekt Juri Troy dieses kleine Wohnhaus im österreichischen Hörbranz. Die Außenwände des zweigeschossigen Holzbaus sind an beiden Längsseiten leicht abgewinkelt und folgen einerseits dem Straßenverlauf im Nordosten, während sie sich zum Garten hin ein wenig nach Süden drehen. Durch diesen Trick mit dem Knick ergab sich auf der Gebäuderückseite eine Sichtachse bis zum Pfänder, dem Vorarlberger Hausberg.

Eine vertikale Weißtannenschalung umhüllt den kompakten Baukörper und betont seine klaren Konturen. Der feine hölzerne Lamellenvorhang fungiert zugleich als Filter: Er verhindert Einblicke von außen und gibt gezielte Ausblicke in die Umgebung frei.

Auf dem leicht abfallenden Areal nutzt der Neubau einen Geländesprung, sodass in der untersten Ebene ein geschützter Eingangsbereich mit überdachtem Autostellplatz entstand. Vom betonierten Hanggeschoss mit den Technik- und Nebenräumen gelangt man in die beiden Wohnetagen, die in Holzriegelkonstruktion errichtet wurden. Der straff organisierte Grundriss entwickelt sich um einen zentralen Kern, der Treppenhaus, Nasszellen sowie Stauräume aufnimmt. Das Erdgeschoss fließt als offenes Raumkontinuum um diese feste Mitte: Wohn- und Arbeitsbereich, Küche und Essplatz gehen ineinander über, können bei Bedarf jedoch mit Schiebetüren abgeteilt werden. Auf der Südseite dient eine Loggia als zusätzliches Freiluftzimmer. Auch in der darüber liegenden Ebene mit den Schlafräumen verbirgt sich hinter dem lichtdurchlässigen Lamellenschirm eine weitere sichtgeschützte Sonnenterrasse.

Im Gegensatz zur holzverschalten Außenhaut sind die Innenwände mit Gipskarton verkleidet, was das Interieur hell und luftig wirken lässt und gut mit den weiß geölten Dielenböden harmoniert. Seinen erfreulich niedrigen Energiebedarf verdankt der Neubau einer hochwärmegedämmten Hülle sowie modernster Gebäudetechnik, die ihn auf Passivhausstandard bringen.

1 Eine umlaufende vertikale Holzschalung prägt die Ansichtseiten des kompakten Baukörpers. Durch einen Höhenversatz im Gelände entstand auf der Zufahrtsseite eine überdachte Eingangszone mit Vorplatz und Carport.

1 Der offene Grundriss im Erdgeschoss sorgt auch auf geringer Fläche für einen großzügigen Raumeindruck. Der frei stehende Küchenarbeitsblock ist auf Rollen gelagert und lässt sich bei Bedarf verschieben.

2 Über deckenhohe Schiebeelemente können einzelne Raumzonen voneinander abgeteilt werden – wie etwa hier der Wohnbereich, der sich direkt an das zentrale Treppenhaus anschließt.

3 Weiße Decken und Wände sowie weiß geölte Eichenholzdielen tragen zum stimmigen Wohnambiente bei. Über eine Festverglasung wird der innen liegende Treppenraum mit Tageslicht versorgt.

4 Dem Schlafzimmer im Obergeschoss ist eine kleine, sichtgeschützte Dachterrasse vorgelagert, die sich – von außen kaum zu erkennen – hinter dem vertikalen Lattenschirm verbirgt.

1 Fensteröffnungen unterschiedlicher Größe gliedern die Gartenfassade im Südosten und lenken den Blick gezielt in die umgebende Landschaft.

2 Zur Straße hin gibt sich das Haus verschlossen, während auf der Stirnseite eine gebäudebreite Loggia in den Lattenschirm eingeschnitten ist: Sie dient als sonniges Freiluftzimmer und sichtgeschützter Aussichtsposten zugleich.

Juri Troy

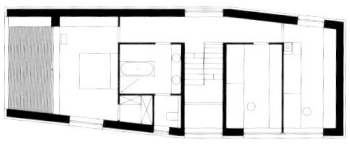

Obergeschoss

》 Die umlaufende vertikale Weißtannenfassade dient gleichsam als Filter und richtet die Außenbezüge beinahe unmerklich auf sorgfältig gewählte Ausblicke. 《

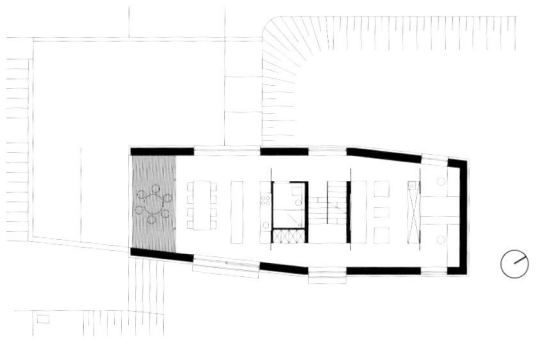

Erdgeschoss

Gebäudedaten

Grundstücksgröße: 476 m²
Wohnfläche: 138 m²
Zusätzliche Nutzfläche: 48 m²
Anzahl der Bewohner: 2
Bauweise: Holzriegelbau auf Ortbetonkeller
Fertigstellung: 2011

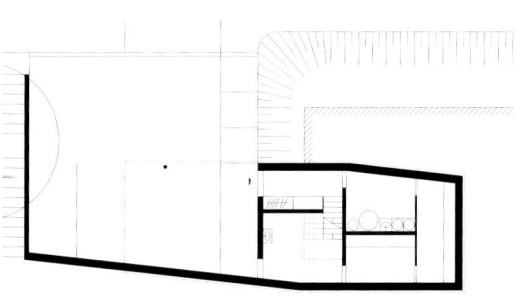

Untergeschoss

FEIN PROPORTIONIERTE WOHNSKULPTUR

Holzhaus in Reinbek bei Hamburg

Wacker Zeiger Architekten

Von Weitem wirkt das Haus der fünfköpfigen Familie in Reinbek wie eine geometrische Skulptur im Grünen. Mit Vor- und Rücksprüngen stapelt sich der Holzbau zu einem fein proportionierten, rundherum in Lärchenholzlatten gehüllten Volumen. Dunkel gerahmte Fenster unterstützen die klare Geometrie des dreigeschossigen Flachdachbaus, der auf einem weitläufigen Gartengrundstück am Ufer der Bille steht.

Den Geländeverlauf des Areals nutzten Wacker Zeiger Architekten für einen Ebenenversatz, der die Innenräume mit insgesamt 334 Quadratmetern Wohnfläche strukturiert. Die Küche im Erdgeschoss bildet das Zentrum im Alltag. Große Fenster lenken den Blick in den Garten, der etwas tiefer gelegene Wohnbereich samt Kamin orientiert sich nach Süden. Luftig und leicht wirkt auch der Essbereich, der sich über zwei Geschosse in die Höhe streckt. Die durchgängige Verglasung zur Gartenseite öffnet sich auf die vorgelagerte Terrasse.

Das Haus wurde als Holzelement- und Holzstapelkonstruktion auf einem Untergeschoss aus Beton errichtet. In den Innenräumen wird diese Bauweise an Sichtbetonwänden und Stapelholzdecken sichtbar. Weiß verputzte Wandflächen und Mehrschichtholzdielen aus Eiche prägen die reduzierte und wohnliche Atmosphäre.

Im ersten Stock befinden sich die Rückzugsbereiche und das Büro der Eltern. Alle Zimmer reihen sich um eine mittige Treppe, der Arbeitsraum im vorspringenden Gebäudeteil ist als offener Bereich konzipiert. Das Staffelgeschoss unter dem Dach ist das Reich der Kinder. Hier weitet sich der zentrale Flur zu einer Spielzone, die wie die restlichen Flächen mit robustem graubeigen Linoleum als Bodenbelag ausgestattet ist. Große Glasschiebetüren geben den Zugang zu einer 50 Quadratmeter großen Dachterrasse frei.

Die ältere Tochter wohnt derzeit im Untergeschoss, das durch einen Tiefhof an der Ostseite des Hauses belichtet ist. Da die Räume eine eigene Haustür haben, können sie später als separate Wohnung genutzt werden.

1 Auch auf der Gartenseite sind die Lärchenholzfassaden samt den dunkel gerahmten Fenstern Charakteristikum des Hauses.

1 Unterschiedliche Deckenhöhen und Ausblicke in alle Richtungen machen den zentralen Wohnbereich im Erdgeschoss zu einem großzügigen Aufenthaltsort für verschiedenste Aktivitäten.

2 Das Staffelgeschoss ganz oben ist den Kinder vorbehalten. Ihre Zimmer breiten sich zu einem lichtdurchfluteten, freundlichen Reich mit Dachterrasse aus.

3 Das Wohnzimmer orientiert sich Richtung Süden – sein Kamin scheint mitten in der Landschaft platziert zu sein. Auf den Böden im gesamten Haus sind Mehrschichtholzdielen aus Eiche verlegt.

1 Terrassen, Loggien und klare Formen prägen die Gestalt des Hauses, das von jeder Seite ein anderes Gesicht zeigt.

2 Der überdachte Hauseingang ist in den Baukörper eingeschnitten. Zu ihm führt eine Betontreppe, die den Weg im Gelände markiert.

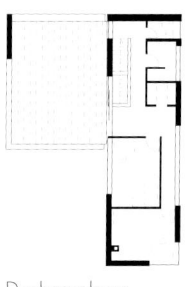
Dachgeschoss

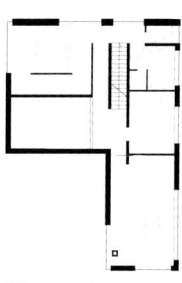
Obergeschoss

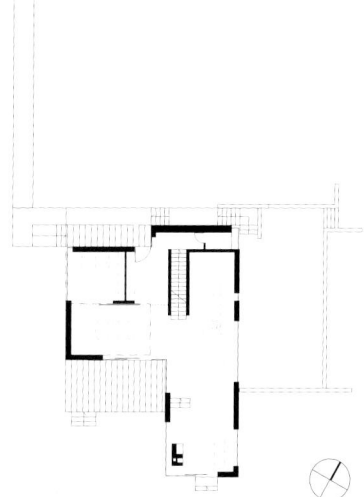
Erdgeschoss

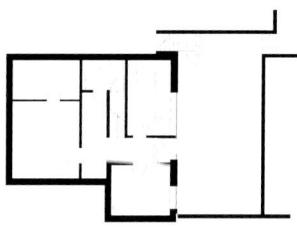
Untergeschoss

Angelika Wacker und
Ulrich Zeiger

》 Treffpunkt der Familie ist das Erdgeschoss mit seiner zentralen Küche. Sie ist nicht nur zum Kochen da, sondern auch ein Ort der Kommunikation. 《

Gebäudedaten

Grundstücksgröße: 13.475 m²
Wohnfläche: 334 m²
Zusätzliche Nutzfläche: 48 m²
Anzahl der Bewohner: 5
Bauweise: Stahlbeton (Untergeschoss), Holzelement- und Holzstapelkonstruktion
Baukosten gesamt: 702.500 €
Fertigstellung: 2012

REGIONALE QUALITÄTEN
Ferienhaus im Bregenzerwald (Österreich)

Yonder – Architektur und Design

Inmitten der malerischen Landschaft des Bregenzerwaldes ist das Holzhaus in Krumbach ein ideales Feriendomizil. Von der großen Wohnstube aus gleitet der Blick über satte Wiesen bis auf die Felswand des Hohen Ifen, der das Panorama wie ein Gemälde wirken lässt.

Benedikt Bosch ließ sich beim Entwurf des Hauses von seiner Lage auf einem Südhang inspirieren. Sein erstes eigenständiges Projekt konzipierte der junge Architekt als einfachen Baukörper, der sich an der Topografie der Hügellandschaft orientiert. Das Pultdach des kleinen Solitärs sowie die Fichtenschalung der Fassade verlaufen parallel zur Hangneigung. Harmonisch fügt sich das markante Holzhaus am Waldrand in seine Umgebung und hat von den Vorarlbergern den Spitznamen »Bienenhus« erhalten.

Von der Tradition und Qualität der Bregenzerwälder Holzbaukunst konnte das Ferienhaus mehrfach profitieren. Die oberen Geschosse sind in kostengünstiger Holzständerbauweise mit vorgefertigten Montageteilen errichtet. Beim Innenausbau haben die Zimmerleute des Nachbardorfs ihr Können bewiesen: Böden, Decken und Wände sind mit sägerauer Weißtanne getäfelt. Die zarte Maserung, die weiche Oberfläche und der Duft des unbehandelten Holzes geben den Räumen eine behagliche Atmosphäre.

Der kompakte Grundriss organisiert die überschaubaren 115 Quadratmeter Wohnfläche mit Übernachtungsmöglichkeiten für bis zu neun Personen auf drei Ebenen. An die Eingangsdiele im Erdgeschoss schließt eine große Wohnstube an. Küche und Wohnbereich gehen in diesem Herzstück des Hauses ineinander über und öffnen sich mit raumhohen Fensterflächen zu einer überdachten Südterrasse. Durch die offene Galerie im ersten Stock entsteht ein zusätzlicher Rückzugsbereich, der in ein separates Gästezimmer führt. Zwei Schlafzimmer vervollständigen das Wohnprogramm des kleinen Ferienhauses. Überall in den Innenräumen ist das Panorama präsent, das Plätschern des Brunnens vor dem Haus unterstreicht die Urlaubsidylle noch.

1 Die Südseite des Ferienhauses öffnet sich auf das idyllische Panorama. Der einfache Baukörper greift die Hangneigung in der Fichtenschalung seiner Fassade auf. Ein Außenvorhang schützt die Loggia vor zu viel Sonne

1+3 Als zentraler Raum erstreckt sich die große Wohnstube über zwei Stockwerke und schließt eine Galerie mit ein. Neben der passiven Solarenergienutzung deckt ein historischer Holzofen fast den gesamten Wärmebedarf des Gebäudes.

2 Das puristische Schlafzimmer kommt mit wenig Fläche aus und gibt den Blick ins Grüne durch einen schmalen Fensterschlitz frei.

4 Das Bad im Untergeschoss ist als offener Raum konzipiert, in dem eine Dusche frei steht.

5 Der Essbereich profitiert vom Ausblick durch die großen Fenster ins Grüne und wird durch das vorspringende Dach verschattet. Die Verkleidung von Wänden, Böden und Decken mit sägerauer Weißtanne gibt dem Innenraum eine Atmosphäre, die traditionsbewusst und modern zugleich ist.

1

2

1 Das kompakte Holzhaus am Waldrand hat von den Vorarlbergern den Spitznamen »Bienenhus« erhalten. Beim Bau haben die Zimmerleute des Nachbarorts ihre Meisterschaft bewiesen.

2 Zur Straßenseite im Norden schottet sich der kompakte Baukörper weitgehend ab. Nur wenige Fensterschlitze und der in das Volumen eingeschnittene Eingangsbereich unterbrechen die Fassade.

Benedikt Bosch, Yonder – Architektur und Design

>> Landschaft und Natur werden durch die Architektur des Hauses in den Alltag der Bewohner integriert und zugleich geradezu inszeniert. <<

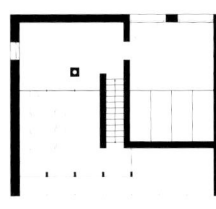

Obergeschoss

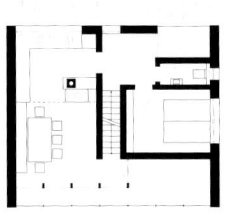

Erdgeschoss

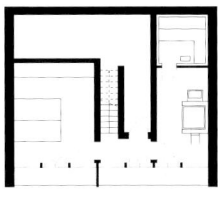

Untergeschoss

Gebäudedaten

Grundstücksgröße: 580 m²
Wohnfläche: 115 m²
Zusätzliche Nutzfläche: 15 m²
Anzahl der Bewohner: 2–9
Bauweise: Holzrahmenkonstruktion auf Stahlbeton (Untergeschoss)
Baukosten gesamt: 146.000 €
Fertigstellung: 2010

ANHANG

Architektenverzeichnis und Bildnachweis

A2F ARCHITEKTEN
Filip Nosek
Reinickendorferstraße 97
13347 Berlin
www.a2f-arch.com
Umbau einer Scheune bei Teplice,
Tschechien (S. 8)
Fotos: Ester Havlová
Porträt: Kay Prill

AHADARCHITEKTEN BDA
Katja und Sascha Ahad
St.-Leonhards-Garten 16
38102 Braunschweig
www.ahad-architekten.com
Stadthaus in Braunschweig (S. 14)
Fotos: Adrian Schulz, Berlin
Porträt: Hanno Keppel, Braunschweig

Alma-nac Collaborative Architecture
Chris Bryant, Caspar Rodgers, Tristan Wigfall
11 Waterloo Court
10 Theed Street
London SE1 8ST
Großbritannien
www.alma-nac.com
Slim House in London, Großbritannien (S. 18)
Fotos S. 19, 20 o., 20 l.u., 22: Richard Chivers, London
Fotos S. 20 r.u., 21: James Merrell, London
Porträt: Adam Currie

arcs architekten
Christian Sandweger
Isabellastraße 26
80796 München
www.arcs.de
Seehaus in der Uckermark (S. 24)
Fotos und Porträt: Antje Hanebeck außer Foto S. 26 r.u.: Christian Sandweger

Atelier Fischer Architekten GmbH
Wolfgang Fischer, Benedikt Nagel
Kürnachtalstraße 6b
97076 Würzburg
www.atelier-fischer.com
Wohnhaus mit Atelier in Würzburg (S. 30)
Fotos S. 31, 32, 33 u., 34 o.: Thomas Nutt, Hamburg,
Fotos S. 33 o., 34 u.: Dieter Leistner
Porträt: Helen Fischer

Atelier ST
Gesellschaft von Architekten mbH
Silvia Schellenberg-Thaut, Sebastian Thaut
Architekten BDA
Kochstraße 28 | Fabrikgebäude
04275 Leipzig
www.atelier-st.de
Niedrigenergiehaus in Lucka, Thüringen (S. 36)
Fotos und Porträt:
Bertram Bölkow Fotodesign, Leipzig
Wochenenddomizil in Köris, Brandenburg (S. 40)
Fotos: Werner Huthmacher, Berlin
Porträt: Bertram Bölkow Fotodesign, Leipzig

augustinundfrankarchitekten
Georg Augustin, Ute Frank
Schlesische Straße 29–30
10997 Berlin
www.augustinundfrank.de
Wochenendhaus in Bad Saarow bei Berlin (S. 46)
Fotos: Werner Huthmacher, Berlin
Porträt: Katja Eydel

Bathke Geisel Architekten BDA
Steffen Bathke, Lutz Geisel
Westermühlstraße 37
80469 München
www.bathke-geisel.de
Einfamilienhaus in Ebersberg bei München (S. 52)
Fotos: Stefan Müller-Naumann, München
Porträt: Archiv Architekten

Andrea und Harald Baumann
Vaihinger Landstraße 109
70195 Stuttgart
www.u3ba.de
Split-Level-Kubus in Stuttgart (S. 56)
Fotos: archigraphie, Steffen Vogt, Stuttgart
Porträt: Archiv Architekten

bblab – architecture laboratory
Ana Bonet Miró, Luca Brunelli
Urb. Las Villas no 71
46111 Rocafort (Valencia)
Spanien
bblabstudio@gmail.com
J-House bei Valencia, Spanien (S. 62)
Fotos: Ricardo Espinosa Ruiz, Madrid
Porträt: Archiv Architekten

Titus Bernhard Architekten BDA
Provinostraße 52
Martinipark – Gebäude A15
86153 Augsburg
www.bernhardarchitekten.com
Wohnhaus in Oberbayern (S. 68)
Fotos: Jens Weber & Orla Conolly, München
Porträt: Jens Passoth für Euroboden

Thomas Beyer Architekten
Oranienburger Straße 16
10178 Berlin
www.beyerarchitekten.de
Wohnhaus in Caputh, Brandenburg (S. 74)
Fotos: Thomas Beyer
Porträt: Ruth Kaltenhäuser

BIEHLER WEITH ASSOCIATED BUILDING DESIGN PROJECTS
Christoph Biehler, Ralf Heinz Weith
Rheingasse 16
78462 Konstanz
www.biehler-weith.de
Villa am Bodensee (S. 80)
Fotos: Brigida González, Stuttgart
Porträt: Sandra Schuck, Berlin

bosch.capdeferro arquitectures
Elisabet Capdeferro, Ramon Bosch
Carrer de la Força 19 1r 2a
17004 Girona
Spanien
www.boschcapdeferro.com
Umbau eines Bauernhauses bei Girona, Spanien (S. 86)
Fotos: Gunnar Knechtel
Porträt: Archiv Architekten

Bottega + Ehrhardt Architekten
Giorgio Bottega, Henning Ehrhardt
Senefelderstraße 77 A
70176 Stuttgart
www.be-arch.com
Haus K2 in Stuttgart (S. 92)
Fotos und Porträt: David Franck,
Ostfildern

Alexander Brenner Architekten BDA
Parlerstraße 45
70192 Stuttgart
www.alexanderbrenner.de
SOL House in Stuttgart (S. 98)
Fotos: Zooey Braun, Stuttgart
Porträt: b-and, Stuttgart

BUB architekten bda
Alexandra Bub
Ansorgestraße 21
22605 Hamburg
www.bub-architekten.de
Sanierung eines Fachhallenhauses
in Hamburg (S. 104)
Fotos und Porträt: Archiv Architekten

Caramel architekten zt gmbh
katherl. haller. aspetsberger
Schottenfeldgasse 72/2/3
1070 Wien
Österreich
www.caramel.at
Familiendomizil in Wien, Österreich (S. 108)
Fotos mit Kindern: Gai Jeger, Wien
Fotos ohne Kinder: Hertha Hurnaus, Wien
Porträt: Larry Williams

IÑAQUI CARNICERO ESTUDIO
Avenida del Rodeo nº 47
28250 Torrelodones/Madrid
Spanien
www.ricastudio.com
Haus 1+1=1 bei Madrid, Spanien (S. 114)
Fotos: Iñaqui Carnicero;
außer S. 118 r.o.: Roland Halbe,
S. 117 l.u.: Eugeni Pons
Porträt: Iñaqui Carnicero Estudio

CASPAR WICHERT ARCHITEKUR ZT GmbH
Sybille Caspar, Paul Wichert
Bischofstraße 5
4020 Linz
und
Stumpergasse 34/4
1060 Wien
Österreich
pw@casparwichert.at,
www.casparwichert.at
Wohnhaus in Linz, Österreich (S. 120)
Fotos: © paul ott photografiert
Porträts: Archiv Architekten

Clarke und Kuhn freie Architekten BDA
Maria Clarke, Roland Kuhn
Schlesische Straße 29–30
10997 Berlin
www.clarkeundkuhn.de
Niedrigenergiehaus in Berlin-Steglitz (S. 126)
Fotos S. 126: Frank Korte; S. 128: Tomek Kwiatosz
Porträt: Archiv Architekten

Felix Claus Dick van Wageningen Architecten
Krijn Taconiskade 416
1087 HW Amsterdam
Niederlande
www.clausvanwageningen.nl
Reihenhaus in Amsterdam, Niederlande (S. 130)
Fotos: Luuk Kramer;
außer S. 131: Christian Richters
Porträt: Archiv Architekten

Georg Döring Architekten BDA
Benzenbergstraße 43
40219 Düsseldorf
www.doering-architekten.de
Familiendomizil in Düsseldorf (S. 136)
Fotos: Michael Reisch, Düsseldorf; Ansgar van Treeck, Düsseldorf
Porträt: Lennard Cassel

DVA ARHITEKTA
Tomislav Ćurković, Zoran Zidarić
Antuna Bauera 2
10000 Zagreb
Kroatien
www.dva-arhitekta.hr
Familienresidenz in Zagreb, Kroatien (S. 142)
Fotos: Robert Leš, Zagreb
Porträt: Tomislav Burgund, Zagreb

Ecker Architekten
Dea Ecker, Robert Piotrowski
Iglauer Straße 13
74722 Buchen
und
Kaiserstraße 30
69115 Heidelberg
www.ecker-architekten.de
Umbau und Aufstockung eines
Hinterhauses in Heidelberg (S. 148)
Fotos S. 149, 150, 151 Mitte und 151 u.:
Brigida González, Stuttgart
Fotos S. 151 o., 152 o.: Zooey Braun, Stuttgart
Porträt: Thilo Ross/Image Agency

fabi architekten bda
Stephan Fabi
Glockengasse 10
93047 Regensburg
www.fabi-architekten.de
Atelierhaus in Wenzenbach/Bayern (S. 154)
Fotos: Herbert Stolz, Regensburg
Porträt: Hans-Peter Zierer, Regensburg

Finckh Architekten BDA
Im unteren Kienle 30
70184 Stuttgart
www.finckharchitekten.de
Haus F in Esslingen (S. 160)
Fotos S. 162, 163 und Porträt:
Finckh Architekten
Fotos S. 161, 164: Mark Seelen

GAAGA
studio for architecture
Esther Stevelink, Arie Bergsma
Wattstraat 8
2316 SK Leiden
Niederlande
www.gaaga.nl
Stripe House in Leiden, Niederlande (S. 166)
Fotos S. 167, 168, 169 o., 170 u.:
Marcel van der Burg, Amsterdam
Fotos S. 169 u., 170 o.: Luc Roymans/Chilli Media
Porträt: Archiv Architekten
V-Haus in Leiden, Niederlande (S. 172)
Fotos: Marcel van der Burg, Amsterdam
Porträt: Archiv Architekten

geitner architekten GmbH
Leona und Andreas Geitner
Grafenberger Allee 100
40237 Düsseldorf
www.geitnerarchitekten.de
Einfamilienhaus in Düsseldorf (S. 176)
Fotos: Michael Reisch, Düsseldorf
Porträt: Jens Kirchner, Düsseldorf

Johannes Götz und Guido Lohmann
Hardtstraße 8
50939 Köln
www.johannesgoetz.com
Sanierung und Umbau eines Wohnhauses
in Köln (S. 182)
Fotos S. 183, 184, 185 o.: Robertino Nikolic
Fotos S. 185 u., 186: Jan Kraege, Köln
Porträts: Fotoraum Sibylle Mall

Haller Plattner Architekten
Jürgen Haller, Peter Plattner
Tempel 72
6881 Mellau
Österreich
www.juergenhaller.at
Holzschindelhaus im Bregenzerwald,
Österreich (S. 188, Umschlagvorderseite)
Fotos: Albrecht Imanuel Schnabel,
Rankweil (A)
Porträts: Archiv Architekten

Harter + Kanzler
Freie Architekten BDA
Ludwig Harter, Ingolf Kanzler
Gretherstraße 8
79098 Freiburg
www.harter-kanzler.de
Einfamilienhaus im Schwarzwald (S. 194)
Fotos: Olaf Herzog
Porträt: Archiv Architekten

Innauer Matt Architekten
Markus Innauer, Sven Matt
Kriechere 70
6870 Bezau
Österreich
www.innauer-matt.com
Wohnhaus in Vorarlberg,
Österreich (S. 200)
Fotos: Björn Matt, Egg
Porträt: Darko Todorovic, Dornbirn

k_m architektur
Daniel Sauter
Glockengieße 2
6900 Bregenz
Österreich
www.k-m-architektur.com
Familiendomizil in Langenargen
am Bodensee (S. 206)
Fotos und Porträt: k_m architektur,
Bregenz

Hannelore Kaup Architektin
Potsdamer Straße 58
10785 Berlin
www.hkaup-architekten.de
Haus am Havelsee (S. 212)
Fotos S. 215, 216: Andrew Alberts, Berlin
Fotos S. 213, 214: Mark Seelen
Porträt: Archiv Architektin

Architekturbüro Stefan Krötsch
Schillerstraße 40c
80336 München
www.kroetsch.net
Umbau eines Wohnhauses in München
(S. 218)
Fotos S. 219, 220, 221 r.o. und r.u., 222 u.
beide: Simone Rosenberg, Düsseldorf
Fotos S. 221 l.u., 222 o.: Stefan Krötsch
Porträt: Foto Sexauer, München

KÜHNLEIN Architektur
Michael Kühnlein sen., Michael Kühnlein jun.
Sollngriesbacher Straße 4
92334 Berching
www.kuehnlein-architektur.de
Wohnhaus aus Holz in Neumarkt in der
Oberpfalz (S. 224)
Fotos und Porträt: Erich Spahn, Regensburg

**Arnaud Lacoste & Jérôme Vinçon /
Lode architecture**
4 rue Scipion
75005 Paris
Frankreich
www.lode-architecture.com
Ferienhaus in der Normandie, Frankreich
(S. 230)
Fotos: Daniel Moulinet, Paris
Porträts: Lode architecture

Architekten Mahlknecht Comploi
Arch. Thomas Mahlknecht, Arch. Igor
Comploi,
Julius Durst Straße 44/B
39042 Brixen
und
Pontives 8
39046 St. Ulrich
Italien
www.mahlknecht-comploi.com
Haus D in Südtirol, Italien (S. 234)
Fotos: Egon Dejori
Porträts: Archiv Architekten

Marte.Marte Architekten
Bernhard Marte, Stefan Marte
Neustadt 37
6800 Feldkirch
Österreich
www.marte-marte.com
Erweiterung eines Einfamilienhauses in
Vorarlberg, Österreich (S. 240)
in Zusammenarbeit mit Herman Metall
Kreativ, Satteins, Österreich
Fotos S. 242, 244: Archiv Architekten
Fotos S. 241, 243: Anne Gabriel-Jürgens
Porträt: Marte.Marte Architekten –
Jörg Stadler

sonia miralles mud_arquitecta
San Fernando 29, 5°
03001 Alicante
Spanien
mirallesmud@gmail.com,
www.alfredopaya.es
Ferienhaus La Marseta bei Alicante,
Spanien (S. 246)
Fotos: David Frutos
Porträt: Archiv Architekten

Moussafir Architectes Associés
Jacques Moussafir
5, rue du Vertbois
75003 Paris
Frankreich
www.moussafir.fr
Umbau und Erweiterung eines Hauses
bei Paris, Frankreich (S. 252)
Fotos Seite 255, 256 u.:
Hervé Abbadie, Paris
Fotos Seite 253, 254, 256 o.:
Jérôme Ricolleau
Porträt: Marie-Sophie Leturcq

Ulrich Müller Architekt
Karl-Marx-Allee 96
10243 Berlin
www.architekturgalerieberlin.de
Haus Emmzett in Magdeburg (S. 258)
Fotos: Stefan Müller, Berlin
Porträt: Silke Helmerdig, Berlin

Florian Nagler Architekten
Florian Nagler, Barbara Nagler
Theodor-Storm-Straße 16
81245 München
www.nagler-architekten.de
Um- und Anbau in Langenargen am Bodensee (S. 262)
Fotos: Stefan Müller-Naumann, München
Fotos mit Kindern:
Gordian Kley, Langenargen
Porträt: Archiv Architekten

sebastian nagy architects, s.r.o
Jelenia 11
81105 Bratislava
Slowakei
www.snatelier.com
»Otium-Haus« in Nitra-Drážovce, Slowakei (S. 268)
Fotos: Pato Safko
Porträt: Archiv Architekt

pasel.künzel architects
Ralf Pasel, Frederik Künzel
Thomasiusstraße 26
10557 Berlin
www.paselkuenzel.com
Familiendomizil in Leiden, Niederlande (S. 272)
Fotos: Marcel van der Burg, Amsterdam
Porträt: Archiv Architekten

PELLEMEIER ARCHITEKTEN
Lars und Daniela Pellemeier
Am Schoppenhof 6
49536 Lienen
www.pellemeier-architekten.de
Einfamilienhaus in Lienen (S. 278)
Fotos: Roland Borgmann, Münster
Porträt: Archiv Architekten

Savioz Fabrizzi Architectes
Laurent Savioz, Claude Fabrizzi
chemin de Saint-Hubert 5
1950 Sion
Schweiz
www.sf-ar.ch
Umbau einer Scheune zum Ferienhaus im Wallis, Schweiz (S. 282)
Fotos: Thomas Jantscher
Porträt: Archiv Architekten

Schlicht Lamprecht Architekten
Stefan Schlicht, Christoph Lamprecht
Obere Straße 8
97421 Schweinfurt
www.schlichtlamprecht.de
Umbau eines Reihenhauses in Schweinfurt, Bayern (S. 286)
Fotos und Porträt: © Stefan Meyer, Berlin/Nürnberg

Jochen Specht
Steinebach 13
6850 Dornbirn
Österreich
www.jochenspecht.com
Umbau und Erweiterung eines Wohnhauses in Vorarlberg, Österreich (S. 292, S. 2/3)
Fotos: Adolf Bereuter, Dornbirn
Porträt: Darko Todorovic, Dornbirn

juri troy architects
Schottenfeldgasse 72/2/12
1070 Wien
Österreich
www.juritroy.at
Einfamilienhaushaus in Hörbranz, Österreich (S. 298)
Fotos S. 299, 301, 302: Juri Troy
Fotos S. 300: Thomas Hämmerli, Gondiswil
Porträt: Wolfgang Tindle, Wien

Wacker Zeiger Architekten GmbH
Angelika Wacker, Ulrich Zeiger
Gaußstraße 60
22765 Hamburg
www.wackerzeiger.de
Holzhaus in Reinbek bei Hamburg (S. 304)
Fotos: Johannes Hünig, Hamburg
Porträt: Archiv Architekten

YONDER – ARCHITEKTUR UND DESIGN
Benedikt Bosch, Katja Knaus
Falbenhennenstraße 15
70180 Stuttgart
www.studioyonder.de
Ferienhaus im Bregenzerwald, Österreich (S. 310)
Fotos: RADON photography
Porträt: Uwe Ditz – Photography

Foto S. 2/3: Adolf Bereuter, Dornbirn
Projekt: Jochen Specht, Wohnhaus in Vorarlberg, S. 292

Foto Umschlagvorderseite: Albrecht Imanuel Schnabel, Rankweil
Projekt: Haller Plattner Architekten, Holzschindelhaus im Bregenzerwald, S. 188

Fotos Umschlagrückseite: Iñaqui Carnicero (l. o.), Adolf Bereuter (r. o.), Gunnar Knechtel (l. u.), Robertino Nicolic (r. u.)

Alle abgebildeten Pläne und Bestandsfotos stammen von den jeweiligen Architekten.

Texte Kapitel S. 8, 14, 18, 24, 46, 52, 68, 86, 98, 120, 148, 154, 160, 166, 182, 200, 212, 218, 224, 230, 252, 268, 282, 286, 292 und 298: Bettina Hintze

Texte Kapitel S. 30, 36, 40, 56, 62, 74, 80, 92, 104, 108, 114, 126, 130, 136, 142, 172, 176, 188, 194, 206, 234, 240, 246, 258, 262, 272, 278, 304 und 310: Sandra Hofmeister

Hinweis
Die Firmierungen und Adressen entsprechen dem Stand von 2016, seither geänderte Webadressen wurden zur leichteren Auffindbarkeit in der Auflage von 2021 aktualisiert.